PICASSO

Tujie
Mingren Congshu

图解天下名人丛书　　本书编写组◎编

毕加索

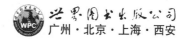

世界图书出版公司
广州·北京·上海·西安

图书在版编目（CIP）数据

毕加索/《图解天下名人丛书》编委会编 . —广州：广东世界图书
出版公司，2009.5 （2024.2 重印）
（图解天下名人丛书）
ISBN 978 - 7 -5100 -0626 -5

Ⅰ. 毕… Ⅱ. 图… Ⅲ. 毕加索，P. R. （1881～1973）—传记—画册
Ⅳ. K835. 515. 72 -64

中国版本图书馆 CIP 数据核字（2009）第 070734 号

书　　名	毕加索	
	BI JIA SUO	
编　　者	《图解天下名人丛书》编委会	
责任编辑	张梦婕	
装帧设计	三棵树设计工作组	
出版发行	世界图书出版有限公司　世界图书出版广东有限公司	
地　　址	广州市海珠区新港西路大江冲 25 号	
邮　　编	510300	
电　　话	020-84452179	
网　　址	http://www.gdst.com.cn	
邮　　箱	wpc_gdst@163.com	
经　　销	新华书店	
印　　刷	唐山富达印务有限公司	
开　　本	787mm×1092mm　1/16	
印　　张	12	
字　　数	160 千字	
版　　次	2009 年 5 月第 1 版　2024 年 2 月第 9 次印刷	
国际书号	ISBN　978-7-5100-0626-5	
定　　价	59.80 元	

前　言

　　巴伯罗·毕加索（Pabol Picasso，1881～1973）西班牙著名画家，现代派绘画的主要代表人物。1881年10月25日出生于西班牙小城马加拉。他的父亲是艺术教师。受父母熏陶，他自幼喜爱绘画，先后入巴塞罗那和马德里皇家艺术学院学习。1904年定居巴黎，从此在法国生活近70年。

　　毕加索创造力惊人，一生创作油画1800多幅，素描7万多件，还有版画、雕塑和陶器、舞台服装等造型表现等。其作品对现代西方艺术有极大的影响，在世界美术史上享有很高的声誉，他不仅是20世纪西方最具影响力的艺术家之一，也是最具有影响力的现代派画家，还是有史以来第一个在世时亲眼看到自己的作品被收藏进卢浮宫的画家。1973年4月8日毕加索在法国逝世，享年92岁。

　　毕加索一生画法多样、风格迭变，充满非凡的创造性。从自然主义到现实主义，从古典主义、立体主义到浪漫主义，然后又回到现实主义。在长达70年的创作生涯中，毕加索从不受羁于任何束缚，满怀热情，不停探索，不断变幻，创造了惊世的成就。毕加索的画法和风格大致可以分为这样几个时期：童年时期、蓝色时期、玫瑰时期、立体主义时期、古典主义时期、超现实主义时期、蜕变时期和田园时期。毕加索的才能在于他始终能够保持自己粗犷刚劲的个性，并贯穿各种风格之中，而且在各种艺术手法的使用中，都能达到内部的统一与和谐。纵观其漫长的艺术生涯，毕加索的最大贡献就在于在艺术风格和手法方面永无止境地开拓，对自己已有成就的不断否定，在尝试与发现之中为艺术的发展独辟蹊径。

　　毕加索是个不断变化艺术手法的探求者，印象派、后期印象派、野兽派的艺术手法都被他吸取改造为自己的风格。在他一生中，从来没有特定的老师，也没有特定的子弟，但凡是在20世纪活跃的画家，没有一个人能绕过毕加索开拓的道路而完全迂回前进的。

毕加索

毕加索绘画的主要趋势是丰富的造型手段，即空间、色彩与线条的运用。他的作品和生活没有丝毫的统一、连续和稳定。他没有固定的主意，而且花样繁多，或激昂或狂躁，或可亲或可憎，或诚挚或装假，变化无常不可捉摸，但他永远忠于的是——自由。世界上从来没有一位画家像毕加索那样有惊人的坦诚之心和天真无邪的创造力，以完全彻底的自由任意重造世界，随心所欲地行使他的艺术威力。

　　毕加索一生致力于绘画革新，利用西方现代哲学、心理学、自然科学的成果，并吸收民族民间艺术的营养，创造出了很有表现感的艺术语言；他的极端变形和夸张的艺术手法，在表现畸形的资本主义社会和扭曲了的人与人之间的关系方面，有独特的力量。

　　毕加索是20世纪最有创造性和影响最深远的艺术家，他和他的画作在世界艺术史上占据了不朽的地位。能够享有盛名，不仅因为他成名甚早的《阿比南少女》、《葛尔尼卡》等传世杰作，更因为他丰沛的艺术创造力和多姿多彩的生活经历。

　　毕加索的一生是不断追求和探索的一生，尽管他的作品至今还有争议，但他的探求精神无疑是值得人们去效法的。

目录

毕加索
Bijiasuo

目录

毕加索
Byjiasuo

目录

毕加索

Bijiasuo

在艺术熏陶中长大

绘画的技巧成分越少,艺术成分就越高。

每个孩子都是艺术家,问题在于长大之后是否能够继续保持艺术家的灵性。

——毕加索

毕加索
Bijiasuo

父亲的影响

画家毕加索于1881年10月25日出生在马拉加。当时的马拉加是西班牙仅次于巴塞罗那的一个重要海港,它位于这个国家的南端,是一个典型的地中海城市。

与今天的繁荣相比,1881年的马拉加属于另一个截然不同的世界。毕加索出生的时候,马拉加仍然依赖着装船、织棉、制糖、炼铁、生产葡萄酒以及种植杏仁、葡萄和其他各种水果作为营生。当时,城里有12万居民,这么多的人口聚在这个小小的地方,再加上排水系统不完善和供水不足,显得更为拥挤。

这里有27所教堂,4个修道院,可容纳上万人观看的斗牛场,尚未完成的大天主教堂,建在旧日摩尔人兵工厂的巨大市场,还有许多的剧院。这是一座真正的西班牙城市,有着悠久的历史传统和强烈的民族意识。除此之外,它还拥有整个欧洲最宜人的气候,阳光充足,全年只有40天可见到云层。不过在1881年,到西班牙旅行的人还很少,所以不曾有外来的游客享受到这明媚的阳光、醉人的空气和那暖洋洋的海水。

毕加索的父亲荷塞·鲁兹是一名画家,在城里的艺术学校担任教师,并且是地方博物馆的馆长。他在博物馆的工作包括修补一些毁损了的图画,他那极其精巧的艺匠手法十分适合这份差事,此外他自己也画一些画。

那是一段极惬意的生涯:荷塞有一份数目虽小却稳定的收入,而且每卖出一幅画还可多得一笔生活费用;他有许多放荡不羁的朋友,其中有一些是画家;另外他还喜欢看斗牛,这种活动在他所住的地方比世界上其他任何地方都精彩。总而言之,他在年轻的时候度过了他一生中最快乐的时光。

然而年轻总会消逝的。到了40岁时,家人就逼着他结婚了,主要的原因是他的兄弟姐妹中还没有人生过儿子。荷塞本人对结婚并不热心,但还是顺应家人的安排和一名叫玛丽亚的女子成婚,这是1878年的事。

荷塞·鲁兹在墨塞德的帕拉萨地方租了一间寓所,从此,他要负责全家人,包括一个妻子、两个未出嫁的姐妹、一位岳母的生计。1881年时,他们生了一个儿子,取名巴布罗·鲁兹·毕加索。

1884年时,毕加索又添了一个妹妹。就在此时,玛丽亚的两个姐妹伊拉地亚和海利欧桃拉因为葡萄园被虫害所毁,也搬来和他们一起住,生活因此变得困难起来了。日复一日的忧虑,紧紧地压迫着荷塞。他对此毫无办法,除了用画来抵付房租、私下教一些学生外,就只能卖一些应景的油画。

荷塞在生活上的困难,许多人都可以凭自己的经验了解到;但他的另外一种困境,也许只有艺术家才能完全明白。他是一名画家,需要的是全心全意地作画,而现在他对自己在这方面的天赋却失去了信心。也许他发觉这种自信一开始就是虚假的,也许他在40岁时忽然发现自己并没有真正的创造力,也可能是他发觉原先存在内心的某些东西已被现实生活压得粉碎——一个艺术家的灵感已经被女人、孩子、日常琐事榨干了。不论是什么原因,其造成的结果都是一样的。在日后他儿子为他画的肖像里,我们可以看到一个疲倦的男人把头靠在手上,带着深深的失望和烦闷的表情,对生命的品味已完全消失殆尽了。

然而对小孩子来说,日子还是相当快乐的。小毕加索还不懂得生存的不易,而过度拥挤、稍显肮脏的小房舍对他来说也跟广场上灿烂的阳光一样自然。毕加索不常见到父亲荷塞,因为父亲要定时去教课,去博物馆上班,去拜访老朋友,并且去看每一场斗牛。当然,在毕加索不太顽皮的时候,父亲也会带着他一同去。

这位全家依靠的男人的财富来源就是一支画笔,虽然荷塞从来不在家里工作,却经常把画笔带回家清洗。毕加索从小就以敬畏的心情看着这些画笔,这种敬畏不久就转变为一种雄心壮志,使他一辈子也没有怀疑过绘画的崇高地位。

斗牛系列版画

1889 年,毕加索 8 岁的时候,他画了一幅《斗牛士》。其实,毕加索最早的一些作品很可能是在家附近的泥巴堆里完成的。他很快就掌握了这种作画技巧,以致常常使他的表姐妹们非常惊讶。她们可以随意指定一种动物身上的某一部分,例如狗的爪子、鸡的尾巴等等,而他就从这一部分开始,把整个动物的身体画出来,或用剪刀在纸上把它们剪出来。

毕加索随时随地都在画画,尤其是在学校里面。至于学校的一般课业(包括算术、读书、写字),他可一点儿都没学到。以至于在此后的一生中,字母始终拼得乱七八糟。不过,他在学校倒是察觉到自己是个特别的人物,是不受一般法规所左右的。

即使在一所不太严格的学校里,一个孩子如果是整天坐在那儿不看书本、自顾自地画着野牛或自己带来的鸽子,甚至自行站起来凝视着窗外,势必要受到老师的斥责,更有可能得到一顿打。但是,毕加索却是个例外。他常常迟到,坐下来就开始盯着时钟,期待被释放的一刻,有时玩弄着鸽子或从父亲那儿弄来的画笔。

他并不像是一个邪恶的、不守纪律或放荡的学生,但的确是属于另一个不同层面的学生。令人惊讶的是,老师和其他的孩子们都能接受他的行为。在他独自站起身来,走出教室乱逛时,他们既不抱怨,也不模仿。

数字对毕加索而言似乎特别困难,此外,时间也是如此。有一次,毕加索从教室窗户正向外张望时,看到了姑父安东尼奥,他马上叫出声来,要姑父记得带他回家——毕加索总是害怕他们把他给忘了。而当姑父问他"什么时候下课"时,他率直地回答:"一点。"他认为"一"既然是数字中的第一个,一点也一定是离现在最近的时刻。

斗牛赛和鸽子

荷塞似乎并不在乎儿子在课业上毫无进展,他常常教给毕加索绘画的技巧。荷塞本身继承了西班牙传统的写实主义,因此提供给儿子一套扎实的、严守规范的基本技巧。当然,也没有任何学生能像毕加索那样敏捷而又热衷于画画。那可能是他们父子相处最愉快的一段时光,父亲对他自己行业的艺匠手法非常熟悉,而儿子在那种年龄尚无法区分技巧和其目的之间有什么不同。

有些孩子最初所作的画看来具有出奇的天分,到了七八岁以后这种天分却永远地消失了。马拉加时代的毕加索却不是这样,开始时他的画十分孩子气,但却不断向成熟的方向进展。他的天分未曾被过分早熟的技巧所扼杀,因而能蛰伏着留存下来,在他青春期之后再度复活,并且陪伴着他度过一生。毕加索晚年的一些作品完全是用孩子的手法表现出来的,那新鲜的、纯个人的孩童天分一直没有消失,在那么多年以后,依然能经由那只具有最高超技巧的手而再度展现。

马拉加的那段生活,在一个孩子看来,一定是永恒的:挤满人的小房间,无法逃学的学校,不断地绘画,星期天的人潮,穿着新衣的全家人,一堆堆衣着光鲜的青年,一群群皮肤黝黑咯咯娇笑的姑娘,数不清的亲戚、朋友,还有那永远灿烂的太阳。所有这些,加上近在咫尺的海洋和吹拂一切的温暖空气,构成了毕加索生长的环境——他生命中的要素。在这个地中海岸边的城市,他所真正感受到的世界,是他乡愁的对象,也是他唯一感到自在的地方。他一生中最喜爱太阳、海洋,并乐于有大群人陪伴着他。

斗牛系列版画

1891年,在马拉加,当10岁的毕加索正对斗牛场的仪式发生了超乎其他一切典礼的兴趣时,他的规律、他那自然的生活却被迫要作一个结束。他的第二个妹妹于1887年出生了,小房间显得更小了,他的父亲也比以前更消沉了。而在此时,市政府竟然决定要关闭博物馆了。此前荷塞一家的生活一直没有金钱的盈余,这个打击对他们影响非常大。

情绪低落的荷塞在卡洛那地方谋得了一席教职,是在公立贝亚斯艺术学院教授素描和装饰。卡洛那位于加里西亚,是西班牙的大西洋沿岸极远的北部地区,而全家人势必要迁到那里去居住。在这个时候,荷塞忽然发现他的儿子几乎是目不识丁。

不认识字,也不知道"2+2"是多少,在自己的家乡似乎没有多大关系,因为所有的邻居、朋友们显然都会理解这孩子;然而在遥远的加里西亚,身为外乡人一定得遵守当地人的规矩,而毕加索如果要在那儿入学,就得通过那里的入学考试,或者起码也要交出一张本地的学习合格证书。毕加索绝对不可能通过入学考试的任何一科——除了绘画。所以荷塞只好去找一位能开具学习合格证书的朋友。

"没问题。"那位朋友说,"不过在形式上仍然要考一考他。"

可毕加索在考试时,在主考官提出一些简单的问题后,仍然保持缄默。主考官出了一道加法题:3+1+40+66+38=?然后温和地告诉他题目怎么写,请他不要紧张。第一次的尝试失败了。第二次提出问题时,毕加索发现主考官已经把答案写在一张纸上,而且把那张纸放在一个很显眼的地方。于是毕加

少年毕加索

索把那个数字默记下来,回到桌上把答案写下,并在下方得意地画上一条横线。就这样,毕加索总算取得了他的学习合格证书。

这纸宝贵的文件跟所有其他的行李一起被打包,1891年夏日接近尾声时,毕加索随着家人第一次出海,开始了他漫长的旅程。

19 世纪的西班牙

19 世纪初的西班牙是一个比较落后的农业国,工业主要是家庭手工业、工场手工业和小型工厂,和当时正在进行工业革命的英、法两国相比,有着很大差距。 在全国的 300 多万自立人口中,贵族约 40 余万人,僧侣则为 17 万人左右,两者加起来,也只占很小的比例。 但他们却拥有巨大的财富:贵族拥有的土地多达 1800 多万公顷,教会占有的土地则为 590 万公顷,分别占全国土地总面积的 51% 和 17%。 而广大的农民则缺地或少地,或者根本没有土地,在经济和政治上都处于依附地位。 并且地主大都为在外地主,住在马德里或外国,挥霍他们的收入,没有为生产做出任何贡献。 自 18 世纪末起,国库便常年空虚,几乎每年都是入不敷出,整个国家的经济濒临破产的边缘。

尽管在 1820 年后,西班牙的革命浪潮此起彼伏,前后有 4 次之多,但均未能使西班牙社会发生任何实质性的变化。 革命的夭折对此后西班牙历史的进程产生了很大的负面影响,在革命中未得寸土的农民从此很自然地站到保守阵营的一边,在两次卡洛斯战争中表现得尤为明显。 西班牙衰落的象征是 1898 年的西—美战争,美国轻易地夺走了西班牙的大多数剩下的殖民地,使西班牙丢尽了脸。 这次战争不仅暴露了西班牙军事上的弱点,而且暴露了统治这个国家的、已处于牢固地位的寡头政治集团的腐败和无能。 直到 1931 年爆发的西班牙革命才终于推翻了波旁王朝的统治,而此时离第一次革命已经有 1 个多世纪了。

艺术的启蒙

当一家人离开马拉加的时候,串串葡萄在阳光下成熟,甘蔗又高又壮,正是一年中最愉悦的收获时节,而在他们到达卡洛那时,骇人的秋季风暴正开始刮起。西班牙北部和东北部的险峭海岸,正承受着越过大西洋的三千里劲风的吹袭,狂风带来大量雨水,使加里西亚成为全半岛雨量最丰沛的地带。在没有刮风也不下雨的日子,天气通常是多雾的,雾会转变成绵绵的细雨,冷冷地滴在花岗岩海岸和花岗岩的房舍上。一年之中也有稍晴的时节,太阳略露一下脸,把光线洒在沙滩上,阳光所带来的温暖对被大浪或狂风送上岸的海草起了加速其腐烂的作用,孕育出成群嘈杂的苍蝇。

斗牛系列版画

毕加索对这一切都感到惊讶,但更令他惊惧的是街上的人们都在讲另一种语言。卡洛那和加里西亚其他地区的人所讲的话叫"加烈哥"，这种语言在西班牙的其他地区是从来没有听过的。毕加索首次感觉到自己的孤立和困惑——他不过是一个外乡人。

面对着完全不同的文化，荷塞的家人只好缩在派欧·哥梅兹街的二楼住所里，看着外面的雨敲打着窗户。对毕加索和他的妹妹们来说，最初的惊惧已经消减。眼前是一个全然不同的城市：一边是海港，一边是沙滩，远处则是岩岸。它跟马拉加比起来实在没什么了不起——只有马拉加的 1/3 大，而这座城市中除了海港和斗牛场外，唯一令人兴奋

少　女

的东西就是位于半岛尖端突出处的一座罗马式高塔。这座 400 英尺（注：1 英尺≈0.305 米）高的灯塔，被当地人称为"英雄之塔"。

毕加索常画那座塔，他也画一些卡洛那的其他事物。他早期的画作看起来相当幼稚，大多是一些关于天气的玩笑，还有画在学校作业本空白处的一些罗马人、野蛮人、持着矛的武士、互相刺杀的剑客，这些与其他学童并无显著的不同。毕加索进入了一所学校，并且努力维持着一个不被赶出来的局面；同时被强迫用一种他从来没接触过的优雅的、工整的方法写作文。他所就读的学校叫"勘守学院"。次年，即 1892 年，课余时间他又到父亲任教的贝亚斯艺术学院注册上课。

毕加索从来就不喜欢写信，他在卡洛那发明了一种和马拉加的亲戚联络的方法——不需要多少文学造诣，就是一份他自己的小报纸，称作"卡洛那"，每逢周日出刊。他在上面画一些地方的人物、狗、鸽子、灯塔等等，以及写一些小小的报道，例如像"风开

始吹了,它仿佛要吹到让卡洛那什么东西都不剩为止",又如"雨已经开始下了,夏天以前绝不会停止",又如"截至付印,尚未收到任何电报"。另外还有更多的笑话,有些是画的,大多是像下面这种风格。如:

算术考试的时候:

老师:"如果人家给你 5 个瓜,你吃掉 4 个,那会留下什么?"

学生:"1 个瓜。"

老师:"你确定这就是全部吗?"

学生:"还有肚子痛。"

这些孩子气的事情很快就要成为过去,小毕加索开始要跃向一个出奇成熟的境地,从事严格而完整的绘画创作。如果他父亲能更好地训练他的话,这种成熟应该会来得更早一些,但由于远离家乡、朋友,气候也不习惯,还有其他种种的不愉快,使得荷塞情绪相当低落。

荷塞没有心情去做很多事情,这时他的注意力终于转向了对儿子的全面艺术教育。他教毕加索笔墨、炭条、蜡笔和粉笔的技巧,过了一阵子又让他提升到油画和水彩上,同时还不断地进行大量精确的、专心的素描训练。

身为教师,荷塞是一个严格奉行规范的人,彻底遵从每一条法则,并且要求学生绝对服从并刻苦修习。这当然是一种严厉的学院派训练,即使荷塞不是这种教师,保守的校方也会作这种要求。毕加索高高兴兴地接受这一切规范,他在课堂上所画的雕像素描使看到的人都惊叹不已,这不只是由于他的技巧,更是因为他把雕像的生命再度展现出来——那种刚刚塑成时存在,而随着时间已经消逝的生命。在大多数人看来枯燥至极的练习,对毕加索而言却是一种愉悦,是一种控制良好、严守规范、几乎难以表达的愉悦。

在课余之时,他的作品却自由得多。1892 年到 1893 年之间有几幅试验性的油画,到 1893 年末时,他的技巧更加娴熟,可以正式地在铺好的画布上挥洒。而后，他突然地，没有任何人看到明显的转变过程，就在1894年完成了一幅极其杰出的作品——一个男人的头像。整幅画充满了光，充满了盎然生机，是最佳的西班牙写实风格，绝对没有一点孩子气的迹象。13岁的毕加索又画了许多幅画，这些画作显示出许多技巧的进步，而每一幅画都比以前更加成熟。

其后又出现了更多令人激动的头像—— 一些穷苦的老年人。这些都是强烈的、严肃的西班牙写实主义杰作。画中那些受苦的、蠢笨的、绝望的人们被实实在在地表现出来，丝毫没有矫饰的成分。在这众多绘画作品中，毕加索自己最满意的是《赤脚的女孩》和《乞丐》，这两幅作品都是在1895年完成的。

当毕加索开始真正进步，同时完全能掌握工具时，荷塞就让儿子帮自己的装饰画做一些细节的整修工作。几个月之内，双方都清楚地发现，即使是在技巧的层面，儿子创作的画也已远远超过了父亲。荷塞

赤脚的女孩

没有办法画出《赤脚的女孩》，也不可能画得出《乞丐》。他承认了这个事实，并郑重其事地把他的画笔转交给儿子，以后他再也没有画过一幅画。

在卡洛那的日子对荷塞来说充满了不适应和压抑的气氛，尤其是最近的一次重大打击。毕加索的小妹妹染上了白喉症，虽然经过治疗，但最后还是死了。之后日子变得更加忧郁，不过这种日子没有持续太久。

荷塞过去的一位助手，当时在巴塞罗那一所著名艺术学院任

教的拉蒙·那伐洛·加西亚,想要回到他的故乡加里西亚,因而向荷塞提议交换工作。荷塞毫不迟疑地答应了,这不仅是为了离开那充满悲伤的小房间,同时也因为可以脱离卡洛那永无休止的雨水和郁闷,再度回到阳光普照的地中海地区。全家人收拾好行李,连同毕加索大批的画作,搭上火车,先经过马德里,然后回到马拉加。

经过几百里的颠簸,一家人终于回到了马拉加。他们受到热烈的欢迎,包括盛情的款待、热情的招呼。家乡的空气、家乡的口音和食物,振奋了这些归来游子的心情,而毕加索——荷塞家这一代唯一的男孩,更是受到格外地照顾与爱护。毕加索在任何宴会中都怡然自得,这可能是他在马拉加所度过的最快乐的假期。这段时间,他忙着享乐,以致课业,甚至连图画的产量都减少了很多,不过他还是作了一张厨房的画,另外还为他们家的老女仆卡门画了一帧极精巧的素描,图中她的袖子高高卷起,就跟昔日强拉着小毕加索上学的情景一样。

夏日将结束时,他们又再度出海,沿着海岸北行。9月的海面十分平静,毕加索可以在旅途中作画。三天的航行后,巴塞罗那出现在他的眼前,这是一个繁忙的港口,两侧延伸出巨大的城市。

和平鸽的脸

刚一踏上码头，毕加索就发现自己又一次被不同的语言所环绕。四周的人们都在讲"卡达浪"，这是一种比"加烈哥"更难懂的语言。荷塞家人在走向克莉丝汀娜街落脚处的途中，异乡的感觉越来越强烈。1895 年的巴塞罗那是一个完全的欧洲城市，巨大、繁忙，50 万居民全都讲着他们自己的语言，有着与马拉加或西班牙其他任何地方完全不同的生活习俗。14 岁的毕加索再一次尝到了失根的滋味。

不凡的才华

毕加索现在所进入的这个文化领域，与其历史背景息息相关。毕加索在这里度过了最具可塑性的青春期和初期的成年阶段。他与卡达浪社会融为一体，说"卡达浪"话，并且交到了他一生中结识最早、持续最久的一些朋友。

巴塞罗那曾是加塔洛尼亚的首都。加塔洛尼亚在中世纪时是一个横跨比利牛斯山的独立国家，大部分的国土落在西班牙半岛上。这个国家天然资源不丰富，但却拥有充满活力、精于贸易的人口。在摩尔人的战乱后，早先住在海岸一带的居民恢复了商业的经营，使得加塔洛尼亚很快成为地中海最重要的贸易国家。当西班牙其他地区还因为过去几个世纪以

自画像

来与摩尔人的战争而大伤元气时,加塔洛尼亚却繁荣起来,拥有本身辉煌的文明、杰出的建筑艺术、一间可与伦巴底相媲美的美术学校、一所著名的大学,以及广受法国、意大利、拜占庭、摩尔和犹太学者们所影响的文化。

这是毕加索的卡达浪朋友们带着伤感所缅怀的黄金时代。当时,巴塞罗那的历代伯爵都经由婚姻的关系成为亚拉冈的国王,他们把"卡达浪"话往外一直推行到巴利亚利群岛、西西里、那不勒斯、科西嘉、萨丁尼亚和所有的回教国家。

巴塞罗那的荣耀随着时间消退了。由于与亚拉冈各女继承人的婚姻关系并不愉快,到了伊莎贝拉那一代,亚拉冈便转而与卡斯提尔的斐迪南联姻。他们的继承人查理士五世统治着整个西班牙,此时的加塔洛尼亚

大公鸡

已成为一个受压迫的地区,卡斯提尔人在数世纪以来一直不喜欢他们发达的邻居。

此后一代一代不断有流血的反抗事件发生,随着一次痛苦的战争——马堡战役之后,西班牙统治者菲利浦五世席卷了巴塞罗那,并以严厉手段镇压着卡达浪人。他压制"卡达浪"语,用卡斯提尔语取而代之,关闭了巴塞罗那的大学,并在城市周围筑起了一道可憎的城墙。

压制政策日益变本加厉,地方的法律和习俗都被废止,地方的语言也受到限制。18世纪到19世纪初之间,这种政策有效地破坏了卡达浪的文学,但却消灭不了这语言的本身。在政治和文

化上始终有反抗的力量存在。浪漫主义来临后,卡达浪的诗人们开始了自己的文艺复兴,其目的不只是为了恢复文化的传统,更表达了他们对独立的渴望。这个活动得到许多人的大力支持,1841年,大学恢复了上课。数年之后,令居民痛恨的城墙也被拆除了,不过卡达浪人仍然不是自己家里的主人。在巴塞罗那,政治上的反抗意识导致"左派"运动、罢工和无政府主义的风行。就在毕加索到达的前几天,一个无政府主义者在拥挤的里塞欧剧院引爆了一枚炸弹,理由是"没有一个中产阶级是无辜的"。

刚到巴塞罗那的毕加索对这一切是全然懵懂的:他不过是个孩子,而且还是个与这个城市格格不入的陌生人。荷塞一家先住在克莉丝汀娜街的一间寓所,不过他们马上发现那儿光线太暗,而且极不方便。停留了短短一段日子后,他们就搬到了恩赐街的一幢楼房,离荷塞任教的艺术学院很近。

那间学院名叫"犹特华",也是荷塞希望儿子能进入的学校。以毕加索的天分来说,进基础班简直是一种戏弄,但是如果要进学习古物、人体像和油画的高级班,必须先通过两幅画的专业科目考试,考试完全严格依照成人标准,而且满二十岁才有报考资格。

纵然荷塞的同事们被说服,相信了这个矮小的14岁男孩"看起来有20岁的样子",他们却不敢贸然置信他画得跟高级班的美术学

老渔夫

生一样好。若是让一个初学的小孩子进了高级班,他们难免要成

为公众的笑柄,因此他们格外严厉地执行这次考试。他的第一个题目是画一个披着被单的校内模特儿,第二个题目是一个站立的裸体人像。

关于毕加索究竟花了多长时间完成这两幅画倒是有很多传说,有人说限期 1 个月,毕加索只花了 1 个星期;也有人说限时 1 天,他只用了 1 小时。

事实上这两幅今天仍存在的画上标明的日期分别是 1895 年 9 月 25 日及 30 日。在这两幅画中,他忽视一般艺术学校的传统,并没有把第一个模特儿画成披长袍的罗马人或把第二个画成相当高贵的人体,毕加索只把他亲眼看到的东西画出来。那是一个披着被单的学校模特儿和一个在阳光下身材欠佳、赤裸裸的矮小男人。但是他的画显露出了杰出的学院式手法,因此他的能力马上就被认可了:他立即被列入 1895~1896 那一学年的高级班名单中。

班上的其他同学大都有着典型的卡达浪名字,日后他们都没有什么名气。有一位曼纽·派亚瑞斯·格劳——近 20 岁、纯朴强壮的年轻人,第一堂解剖课正好坐在毕加索的旁边。两人年龄尽管相差了六岁,却马上成为朋友。派亚瑞斯不但成为毕加索在巴塞罗那时最好的朋友,而且终其一生也一直与毕加索保持着密切的联系。

吃鸟的猫

巴塞罗那前两年的日子平静地过去了。毕加索住在家里,定时上课,努力作画,此外还不断地跟派亚瑞斯在巴塞罗那游逛,画满一本一本的街景、马匹、猫、狗、娼妓、无政府主义者的聚会和开赴战场的士兵。他在家里也没闲着,为家人画油画和素描:一张他母亲的蜡笔画和至少三张他父亲的肖像,还有许多幅妹妹的油画及素描,包括一幅大型的油画,上面是妹妹罗拉第一次领受圣餐的情景,罗拉穿着白衣,跪在圣坛前,她的父亲站在身旁。这一幅相当成功的作品被送去参加"美术与工业"的春季展览,赢得了一些赞美声。

毕加索的暑假是在马拉加度过的。1896年夏天,回到故乡的毕加索表现出了惊人的活力,在几个月中画了大量的素描、肖像,其中有几幅非常特别,但这些作品中看不到一点儿巴塞罗那的影子。其中最特殊的是一幅风景画,毕加索很少画风景,而这一幅所用的手法是他以前从来没有使用过的:马拉加的红色土地斜着伸向淡蓝色的天空,地上覆盖着仙人掌。地面上强烈的色彩,似乎是用画笔生动而有力地涂上去的,干厚的颜料看来又好像是调色刀压抹的痕迹,这和那淡淡的天空形成美妙的对比。这幅画让人联想到野兽派,更有些凡·高的感觉,然而前者当时还没有出现,后者毕加索当时也没有听说过。再细看之下,这幅画完全是他自己的,是纯粹的个人风格。看了这幅画,不禁让人奇怪还有哪个教授敢教导这位15岁的少年关于作画的事情。

那年秋天回到巴塞罗那的毕加索,开始着手他父亲设计的两大幅油画。荷塞打算用这两幅画来延续《第一次圣餐》的小小成功,从而促进这些画作的销售,以便得到一个稳定的收入。他买入了许多的新材料,教毕加索怎么用它们,甚至还替毕加索租了一间画室。

这两幅画中的一幅目前已经遗失了,另外一幅是荷塞所设计命名的《科学与慈悲》,上面是一个医生正在测量一个生病女人的脉搏,而床的另一边站着一位修女,一手抱着一个小孩,另一只手端着汤给病人喝。毕加索很用心地作这幅画，而其结果也确实让全家人感到欣喜。《科学与慈悲》被送到马德里参加全国展览，得到审查委员会的荣誉奖状，另外又送到马拉加参加地方展览，得到一枚金质奖章。这幅画让所有喜爱惟妙惟肖简艺手

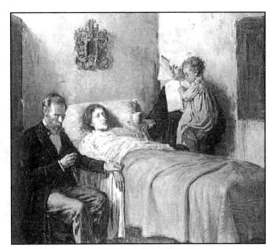

科学与慈悲

法的人都很高兴，但这却是毕加索对学院传统画法的告别作，他以后再也没有画过这一类的作品。

这一年里，毕加索仍然同时进行着学校的课业和自己的尝试。他的绘画本中仍然充满了与前一年一样的风格，只不过现在的笔触更有信心，并且显示了多种路线的进展，有一些试验中明显出现了物体简化的基本几何形状。不过大体而言，此时的毕加索还不能算是破除传统的先锋，他还只是一个不断创新、极具天分的学生。

毕加索在1897年的暑假再次回到马拉加，这个假期似乎不如上次那么愉快，而他也没有创作很多作品。他那位越来越有钱的叔父沙伐多认为毕加索应该到马德里的圣费南度皇家学院去深造，因为他的两位朋友卡波奈罗和狄库伦在那儿任教，而且极具影响力。沙伐多虽然提了这项建议，却和很多有钱人一样，在金钱上对穷亲戚斤斤计较。荷塞和他的另外一些亲戚、老朋友们也凑了一些，加上沙伐多的那一份，金额还是少得可怜。而这些竟然就是毕加索的全部旅费、生活费和作画的材料钱。

1897年秋天，那点微薄的津贴把毕加索带到了马德里这个消

毕加索
Bijiasuo

费极高的首都。他在贫民窟似的圣贝卓马提街给自己找了一个房间,在那里度过了他16岁的生日。

跟在犹特华一样,毕加索轻而易举地通过了严格的入学考试,成为学院的一分子。他很快就发现这里的课程跟犹特华一样并无吸引人之处,而且教他们的卡波奈罗和狄库伦都是相当糟的画家。毕加索不久就完全放弃学院的课程,自己到普拉多博物馆去参观、描摹,感受格雷克、维拉斯奎兹和戈耶等大师的精髓。除了在普拉多的临摹,他还在城里的街上画个不停。这一阶段,毕加索的画作最让人注意的,就是他的画法已开始朝向现代主义前进,甚至开始迈向一个更加超越的境界。

男人体

毕加索在马德里创作得非常勤奋,但在学校里却从来看不到他的人影。这消息传到了马拉加,让富有的沙伐多很不高兴,于是便断绝了对他的经济支持。父亲荷塞仍站在儿子的一边,不但继续供他学习,甚至还尽可能地多给他一些钱物。

日子一天天过去,冬天降临了,瓜达拉马山脉吹来了寒风。即使是本地人也冷得受不了,更不用说是像毕加索这样晒惯地中海太阳的人了。这种风死寂而且冰冷,像当地的谚语所说的,"可以杀掉一个人,却吹不熄一根蜡烛。"毕加索开始发高烧、喉咙痛,舌头红得像草莓,全身起了朱红色的斑点,这些斑点很快就融合成一大片。他得了典型的红热病。

这种病在当时是可以致命的，但毕加索的生命力相当顽强。他在床上躺了几个星期，全身脱了一层皮，又长出一层新的。他蹒跚地走出房间，去参加6月12日的圣安东尼奥节庆，他不愿错过这节庆中一分一秒的欢乐。

接着他就搭上回巴塞罗那的长途火车，巴塞罗那的家乡口味、温暖人情和他天生的生命力，使他很快就恢复了健康和精神。1个星期之后，当派亚瑞斯邀他到欧塔乡下去休养时，他马上就答应了。

欧塔是派亚瑞斯生长的地方，这是个只有两三千居民的小镇，维持着古代纯朴的农耕生活。毕加索在此度过的一段闲逸日子，是他生命中相当重要的一个时期。"我在派亚瑞斯的小镇学到了所有的事情。"毕加索曾经这么说。"所有的事情"不只包括了刷马、用镰刀，对制酒和榨油的亲身体会，或是收获干草、玉米、葡萄和橄榄，剪羊毛、杀猪、挤牛奶，同时还包括说流利的卡达浪话的能力，尤其重要的是在对生命本质上得到了城市人永远得不到的深刻体会并树立了新的价值观，对世界有了更广泛地认识。

毕加索此时对作画更有把握了，其中有几幅十分了不起的山羊和绵羊的画像，真正把握住了它们的神态和动作。他的笔触更为肯定，在一些作品中他对质感比过去更加重视，此外对明暗的对比表现和物体轮廓的加深也有了较大的兴趣。

1899年2月，毕加索完成了一幅《亚拉冈人的习俗》，这幅画在马拉加又赢得了一枚金质奖章。当这幅画的油彩干燥后，他就收拾行李，向欧塔的人们道别了。在与派亚瑞斯一同度过大半年的乡居生活后，他决定回到巴塞罗那去。

毕加索 Bijiasuo

野兽派美术

  野兽派美术是 1905 年产生于法国的松散的美术社团。这个社团没有共同遵守的明确目标。没有发表过宣言和理论主张。野兽派这个名称也是偶然产生的。在 1905 年的巴黎秋季沙龙中，一群青年美术家展出了他们的作品，他们是马蒂斯、德兰、马尔凯、鲁奥等人。在他们的作品中间，有一件展品比较写实，风格如意大利文艺复兴时代雕塑家多纳太罗的作品。批评家沃塞列斯在描述该展品时，用了"在一群野兽中间的一位真正的艺术家"这样一句话，把马蒂斯等年轻画家的画比作野兽，故名。35 岁的马蒂斯被这群风格并不相同的年轻画家拥戴为领袖。

  野兽派是西方 20 世纪前卫艺术运动中最早的一个派别。他们继续着后印象主义画家凡·高、高更、塞尚等人的探索，追求更为主观和强烈的艺术表现。对西方绘画的发展，产生了重要的影响。他们吸收了东方和非洲艺术的表现手法，在绘画中注意创造一种有别于西方古典绘画的疏简的意境，有明显的写意倾向。有人把野兽派看作是广义的表现主义运动的一部分。也有人认为，野兽派不是一个艺术运动，只是马蒂斯等人艺术生涯中短暂的一个阶段，一个特别注意线条和色彩表现力，不受任何程序约束的阶段。马蒂斯后来回忆说："对我来说，野兽时期是绘画工具的试验，我必须用一种富于表现力而意味深长的方式，将蓝、红、绿并列融汇。"野兽派作为社团存在的时间只有两三年。参加这一社团的艺术家后来朝着不同的目标继续做新的艺术探索。

到巴黎去

在欧塔的生活给了毕加索一段平静的时间,让他有机会重新细想每一件他所认为重要的事。除此之外,这段生活也迫使他天天使用卡达浪的语言,因此在回到巴塞罗那的时候,毕加索可以毫无障碍地用这种语言和当地人交谈了。

这种能力使他很快成为常在"夸特·加兹"聚会的作家、画家和诗人中的一分子。"夸特·加兹"是一间小酒馆,出入那里的人物三教九流都有,嗜好和特长也各不相同,但是他们拥有一个共同的特点,那就是他们都醉心于现代主义,并且爱他们自己的语言。毕加

少 女

索既然已能说流利的卡达浪话,加上他早已认识其中的几个人,因而在几星期之内就有宾至如归的感觉了。

小酒馆里常有大批的文人名士逗留,毕加索在这里交到了许许多多的朋友。同一时期内他也作了大量的画,也就在同一时期,他和他父亲之间有了分歧。荷塞已经将近 60 岁,在那种年纪

自然有许多看法已经是根深蒂固的了；而18岁的毕加索已由小孩子变成了成人，且刚从一个完全自立的生活环境归来，他们之间有所争执并不奇怪。

于是，毕加索离开家里，到一家妓院去住了几个星期。他绝对不是付得起现款的客人，为了回报姑娘们的好心，他在容身的房间墙壁上涂满了装饰画。1899年的4月里，他就在小房间内睡觉、工作，并且和隔壁一些制作腰带的工人交上了朋友。

他和家庭的决裂既不激烈，也不持久。总之，那段时间里他亲切地画了一些他父亲的像，而他的妹妹也经常来看他。也就是在这个小房间里，萨巴提斯这位年轻的作家及诗人初次见到了毕加索。

母与子

萨巴提斯被一位学雕刻的同学带进屋子来时，《科学与慈悲》

正立着靠在墙上，旁边放着《亚拉冈人的习俗》，而在一堆一堆的图画和速写本之中，毕加索正忙着作另一幅油画。毕加索黑色的眼珠锐利地凝视着，使萨巴提斯局促不安，那些画作也使萨巴提斯十分折服，因此在互道再见的时候，萨巴提斯恭恭敬敬地对毕加索鞠了一个躬，这就是他们友谊的开始，而这份友谊一直持续到萨巴提斯于1968年去世为止。

18岁的毕加索一文不名，毫无名气，却已成为"夸特·加兹"的一个领袖人物，即使是不喜欢他的人或不知道他天分的人也都认可这一点。这并不是因为他在"夸特·加兹"说话很多，事实上，他经常沉默着，而且喜怒无常，有时候也表现出全然地厌倦。但一开始说话就说得很好，经常充满睿智，而且表现出不自觉的权威感，好像他已经能比座中其他任何人画得更好似的。

经过四五年的苦练，毕加索的大部分作品日渐成熟。但他尚未定型：他书读得极少，几乎没有受过正式教育，而且缺少成人生活的经验。更有甚者，毕加索这个小孩子还活跃在他体内，事实上，他此后的一生都是如此。

这个时期他开始发展自己的审美学，想要把当时人们所接受的一般绘画完全摧毁，并且把感受的境界推展到前所未有的高度。人们可能想说这是"扩大美的观念"，但毕加索真正考虑的是"本体"而不是"美"这个空泛

贵族夫妇

的字眼。

"美?"他对萨巴提斯说,"……那个字对我没有意义,因为我不知道它的意思从何而来,也不知道它能引出什么东西。"

这是一个相当有野心的大计划,而它的开端也充满着自我怀疑、沮丧的时刻和错误的起步。不论如何,这种过程从他在1899年到1900年间快速进展的画作中已见端倪,但以一个完全自觉的过程而言,这只是一个开始而已。

"夸特·加兹"里的政治氛围大致"左"倾,有相当强的无政府主义意识。无政府主义也构成了毕加索早期面貌的一部分,或许我们不应该用"影响"这个字眼,因为对权势的痛恨和对强行加诸的法规的坚决排斥,早已存在于毕加索心中,在"夸特·加兹"的谈话只不过把这些因素彰显出来而已。

★★★★★★★★★★
资料链接
★★★★★★★★★★

无政府主义

无政府主义是一系列政治哲学思想,包含了众多哲学体系和社会运动实践。它的基本立场是反对包括政府在内的一切统治和权威,提倡个体之间的自助关系,关注个体的自由与平等;它的政治诉求是消除政府以及社会上或经济上的任何独裁统治关系。对大多数无政府主义者而言,"无政府"一词并不代表混乱、虚无或道德沦丧的状态,而是一种由自由的个体们自愿结合、互助、自治、反独裁主义的和谐社会。像其他政治哲学思想一样,无政府主义包含不同的分支和流派。虽然无政府主义者有着反对国家的共同特色,但他们却在其他许多议题上有着不同的立场,包括了是否进行武装斗争或以和平非暴力建立社会的问题上产生分歧,尤其在经济的观点上有着主要差异,从主张财产彻底公有化的集体主义流派,到主张私人财产和自由市场的个人主义流派,影响很广。

在"夸特·加兹"最受尊敬的一位无政府主义者是年轻的布洛沙,他对在那儿所见到的艺术家不屑一顾——"神经质的附庸风雅者,一心只想使自己显得和粗人或中产阶级有所不同"。但他却也觉得在未来的一个世纪中艺术将会出现新的希望,是无政府主义者的人间天堂。布洛沙说:"人类,基于由智慧所产生的正当骄傲,将不会再忍受妨害心灵自由的一些微小障碍;这种个人价值的提升,意味着没有任何神话、任何偶像、任何人或神的单独个体能够阻挡个人通向全然自由的坦途。有些人可能会说这种理论会导致分崩离析,但人们除了负面的本性外必然也有正面的本性,一个人会去重建并更新他失去的力量。"

有人说毕加索的进展过程与此极为符合。破坏,再破坏,由显见的真实退回内心,再合成新的世界、新的力量、新的视野。

有许多无政府主义者的政治教条深深吸引着毕加索。例如巴枯宁所说的"破坏的热情也正是创造的热情",除了这句话,恐怕再也没有别的话更能引起毕加索的共鸣了。

纵然布洛沙的政治理论十分高深而精要,毕加索也不曾全盘接收,他从来就不是一个政治人物。他所接受的是一般的无政府主义思潮,以及对卡达浪独立的高度同情。他周围的人们都对中产阶级艺术不满,都痛恨文化上的势利,但他们自己却常常生产那一类的作品。毕加索并不去管他们的反复无常,不论"夸特·加兹"有没有鼓励他,终其一生他都是反对文化上的势利的。

毕加索的气质是乐天的、前瞻的,对外面的世界有极大地兴趣。毕加索在"夸特·加兹"里沐浴在易卜生、托尔斯泰、瓦格纳、尼采的气氛中。他虽然读书不多,但起码由其他人那里间接接触到这些人的思想。

毕加索的确读书不多,但这并不是说他不够敏锐,事实上他的心思动得特别快,没有耐性去慢慢地消化文章,但诗则完全是另一回事了。诗几乎像一幅图画或一座雕刻一样,具有可以马上把握住浓缩本质的特征;毕加索喜欢读诗,而且一辈子都喜爱诗人。身为诗人的人，特别容易受到毕加索热诚地接纳。

妇女像

毕加索由当时的住处迁了出来，搬到一间位于楼顶、没有装潢但照明良好的工作室去住。跟他同住的是他的朋友卡洛斯。卡洛斯是一位长相奇怪的年轻人，美国驻巴塞罗那军事顾问的儿子。由于房内根本没有家具，他们就把家具全都画在墙上：桌子、椅子、柜子、一张沙发、保险柜，甚至还包括一些佣人—— 一个女佣和一个小厮。除了他们画在墙上的家具外，整个房间都堆满了图画，甚至漫出房间，堆到了门外的楼梯上。

毕加索的朋友们非常看重他。一群朋友，包括派亚瑞斯、萨巴提斯和卡萨杰玛斯在内，鼓励他在"夸特·加兹"举行一个画展。毕加索喜欢这个主意，于是在 1899 年和 1900 年间的冬天着手绘制一连串"夸特·加兹"常客的肖像。他大部分的朋友都出现在这些画作里面。到了 1900 年 2 月，作品都已准备就绪。毕加索和他的朋友们都买不起画框，因此只好把它们用图钉钉在墙上。一般人对这次画展反应冷淡，从商业观点来说，出售量只达到业余标准。

不过这些作品只是毕加索在 1899 年到 1900 年间大量作品的一小部分而已。这段时间的作品展现出多样的风貌。其中有一幅很令人惊异的画作是《赌徒的新娘》，上面是一张绿色、面具似的脸孔，突起的前额和两眼上方的弧线向下延伸成直而长的鼻

静　物

子,给人一种非洲雕刻的印象。另外有一张自他画室向外俯视的街景,用一种别人绝不会用的方式画出:远远下方的人影、小车子,用两三笔有力地挥洒将之勾勒得出奇生动,并且在周围用一圈一圈的厚涂法表现出空间的深度。有人说他在这一时期画作的进展涵盖了艺术史上除了印象派之外的每一个阶段。

另外还有许许多多的绘画,关于贫穷、疾病、病床和死亡、酒吧、酒馆、戏院和舞厅的景象、许多的娼妓、斗牛和斗牛士、海报的习作、裸体人像、自画像,有些还是用几何图形表现的。一些自画像包括初到这城市的小男孩,从1896年时笨拙的少年,一直到其后几年的青年时期。有趣的是他对镜中的自己似乎始终猜不透,任意两张自画像上的面孔都不是完全一样的。这些脸孔有时年轻,有时苍老,有时棱角分明,有时线条圆滑。每一张的风格都不相同,毕加索对"自己"这个题材没有十分肯定的掌握。

这些倾泻而出的作品,显现着多方地尝试和成就。像毕加索那样纯个人和崭新的审美观,想必经过了一段长期而痛苦的孕育过程。可以想见他对自己这种启示的价值也有过怀疑的时刻,尤其是当他的周围全是一些不能了解他的作为的人时。人们只沉浸在现在和过去,而他却已经跨入了未来。到达像毕加索这种境

毕加索
Bijiasuo

静 物

界的人必然是寂寞的——他不能追随，只能引导；但在引导之前，他必须先对自己确定。

　　1899年到1900年间的另一特点就是除了他已经熟练掌握并且拥有高超技巧的素描、胶彩、水彩、厚涂、油料等画种之外，他还尝试于蚀刻和木雕，可能还包括了雕塑。

　　关于毕加索第一次的蚀刻作品，有一段流传甚广的故事：他的朋友康纳斯教他怎样准备金属板，怎样用针在上面画线刮去保护层，怎样把它浸到酸溶液中，把暴露出的金属部分蚀成容墨的沟槽，然后就可付印。毕加索画了一个骑马的斗牛士，穿着带刺的马靴，手上提着他的长矛，身旁的地上有一只小猫头鹰。不过他事先没有注意到印出来的图样和版子上的正好相反，结果斗牛士的矛就变成了抓在左手上。这件事一点都没难倒他，他马上为这幅蚀刻命名为《左撇子的斗牛士》。

　　毕加索在巴塞罗那学到了很多，但当他大部分的"夸特·加兹"朋友们尚在积极从事现代主义的革新时，他已开始从这些褪色的改革中脱身。当他听到一些关于巴黎的事情，尤其是在1900年世界博览会这一年，他从报纸上知道越来越多的法国的事时，巴塞罗那就越是显得土气。她当然给了他很多,但毕加索开始厌倦了,他有时会极端地不快乐,喜怒无常,甚至会从正在谈话的一群人当中不发一言地站起来,走出酒馆。像他这样充满生命力的人,眼见那些人们在一本正经地过他们的颓废生活,等到最初的好奇过后,当然会感到厌烦。

那一年里有一些"夸特·加兹"的人到巴黎去,有些是去参观博览会,有些在那儿定居下来,而毕加索、派亚瑞斯和卡萨杰玛斯也计划着要去。随着这一年的过去,他们的计划变得越来越实际。

1900 年的秋天毕加索和家里和解了。10 月间,在父亲的勉强首肯和母亲的积极支持之下,他和卡萨杰玛斯动身到巴黎去,派亚瑞斯将在一两个礼拜内赶去和他们会合。

"这一切所要花的钱,都是打哪儿来的呢?"萨巴提斯多年以后问道。

"派亚瑞斯、卡萨杰玛斯和我共同分担。我父亲负责车票钱。他和我母亲送我到车站,当他们回家的时候,口袋里只剩几个零钱了。他们一直到了月底才把家用平衡过来。这是我母亲很久以后才告诉我的。"毕加索答道。

黎明时分,毕加索终于越过了比利牛斯山脉。火车冒着烟以惊人的速度向北行进,在距边界一千公里的地方开进了巴黎。他们从三等车厢爬了出来,背起画架、颜料盒、纸夹和行李,浑身都是煤灰。一时之间这儿好像还是西班牙,因为月台上到处都是卡达浪和西班牙来的旅客和移民,但当他们都散尽之后,眼前就是巴黎了。

巴黎像巴塞罗那一样肮脏,但是却充满着色彩:到处都有炫目的海报招贴,妇女鲜丽的穿着也不同于西班牙的黑衣,到处都有马车铁轮驶过石板路面的吼声,拥挤的街道到处都是一张张被丢弃的宣传广告,时常会有粪车、马屎、汽油的气味飘散出来。这是一个令人眩惑的大城市,并且充满忙碌——这儿没有西班牙式的漫步。他们的周围全是法国话,而毕加索这个异乡客,一个字也听不懂。

不过他起码知道一件事：巴黎的艺术家都住在蒙特巴拿塞，在那儿可以租到便宜的房间和画室。当他们正准备租下一间蒙特巴拿塞附近的空屋时，毕加索碰到了画家朋友诺奈，他正要赶回巴塞罗那。他马上把自己在加布耶路的画室出让给他们，那是在巴黎的另外一端，蒙马特小丘上。

毕加索和卡萨杰玛斯当然不会拒绝这么慷慨地赠与。派亚瑞斯在数天之内赶到，发现他们已经舒舒服服地安顿下来，十分自在，而且还有两位年轻姑娘赫曼妮和奥蒂德陪伴着。

毕加索显然很喜欢奥蒂德，虽然他完全无法用言语与她沟通，而卡萨杰玛斯则深深地爱上了赫曼妮。同时，拉蒙·彼克特也来拜访他们，并且带来第三个女孩儿，赫曼妮的妹妹安多芮。这么多人之间的关系很不容易弄清楚，不过卡萨杰玛斯对赫曼妮的爱慕却是与日俱增。

毕加索与卡萨杰玛斯是很亲密的朋友，因而知道他有生理上的缺陷。他想法子把赫曼妮从卡萨杰玛斯身边拉开，转交给彼克特，想借此减轻卡萨杰玛斯的痛苦。他失败了，虽然赫曼妮离开了卡萨杰玛斯，他却仍然到处跟着她，并且日益增长着他绝望的爱情。

不过这段时间里毕加索没有很多时间照顾他的朋友，他有太多要看的东西，包括卢浮宫的大量珍藏，世界博览会和新成立的大小文化宫的艺术展出。这一切对外国艺术家也许相当刺激，对当地艺术家则不那么新鲜。1900 年的巴黎居民对绘画看得太多了，每年"法国艺术家沙龙"都要展出许多的画作，"国家美术协会"也会做同样的事情，不过真正新的作品要在第三个单位"独立协会"才能看得到。

这就是毕加索此后生活的范围，不过他真正对巴黎活生生的艺术的了解，大多是在街上乱逛时得到的。有许多商业性的小画廊，里面特有的现代画作远远超过了摆在店里的水准。有一位女店东

美食家

波瑟·韦儿,不断地大力扶持年轻艺术家。20世纪所有著名画家的画作,从马蒂斯到莫迪克里尼亚,都曾出入过她的画店,不过她自己一直没有很多收益——1909年时她卖了一幅凡·高的漂亮小画,只收了60法郎。

毕加索很能走路,他用步行探遍巴黎,最起码也踏遍了南北的方向。他裹着一件厚重的大衣,迎着北风,带着他的速写本从蒙马特郊外出发走下小丘。那儿虽然夜生活越来越多,却仍然是郊外,一个安静的小镇,有着未铺过的、绿树相夹的巷道,仍然抗拒着市区扩展的葡萄园,还有一些真正的风车。那里甚至还有一片灌木丛生的荒地,人们在此用枪射杀野猫,并且把它们叫兔子。

他接着走上一条新的繁忙街道,两旁正在盖着石砌的房屋。锯石的工匠一边工作一边唱歌,街上到处是推着车子叫卖的蔬菜贩、背着一筐玻璃到处找生意的玻璃匠、卖新补旧的桶匠,还有一些推着锅炉大桶的人沿街叫着,看有没有楼上的人要洗热水澡。

再往下走就接近了塞纳河,河上有小汽船、水上巴士、驳船与其他船只。他的脚步朝向了繁华的地带,这里有巴塞罗那未曾见过的奢华,贫富的差距在此显得更为悬殊——有些人穿着常见的褴褛衣裳,而另一些人却是戴着发亮的高帽、穿着晨装的男士和一些出奇优雅的女人。到处都充满了色彩,然而最显眼的可能就是那些数不清的兵士们,法国有50万人的武装部队,正等待一场不可避免的对德战争。他们大多穿着猩红色的宽松裤子,就好像印象派画家在拥挤的大街上抹下的鲜艳色调。

越过水面就到了蒙特巴拿塞，那边住了好几十个卡达浪人，其中许多是毕加索在"夸特·加兹"就认识的。他们把他介绍给一位叫皮尔·曼雅克的人，曼雅克也是卡达浪人，由于偏好艺术，因此在巴

斗牛系列版画

黎做了画商，充当卡达浪画家和巴黎市场的中间人。他能说流利的法语，并且认识许多人，包括波瑟·韦儿——"现代艺术的好仙子"在内。

曼雅克把毕加索介绍给波瑟·韦儿，她马上买了三张画，包括一张油彩和两张胶彩的斗牛画，一共付了 100 法郎。而皮尔·曼雅克很得意自己慧眼识英雄，便要求与毕加索订立合约。

这种合约在法国相当普遍，也就是艺术家把所有作品提供给一位画商，交换按月付给的稳定酬金。曼雅克提供给毕加索的是150 个法郎一个月，这种收入绝不能使人富有，不过它代表了三餐吃得饱、有酒喝、有烟抽，还有房子可住。

一个 19 岁的无名画家从来也没有见过这么多耀眼的法郎，他绝不会拒绝的。毕加索签了字，但欢乐却因卡萨杰玛斯的情况所消减了，他发现那个痛苦的人开始烂醉如泥，而且情况一天比一天糟。

12 月的时候，卡萨杰玛斯显然不能在巴黎再待下去了，毕加索把他带上了南行的火车，回到巴塞罗那。在家里待了几天，卡萨杰玛斯的情况没有好转，毕加索又把他带到马拉加，希望那儿的太阳、完全不同的空气和景观以及新年的庆典能使他振作起来。

但马拉加的太阳冷冷的，毕加索的家人和亲友的态度使人痛心。他们没有邀请毕加索和他的模样不堪的朋友住下，因此只好在一间小旅馆投宿。马拉加不再是毕加索的家了。

　　毕加索对此感触颇深,此外,他为卡萨杰玛斯所做的一切都没有收到什么效果。毕加索把他带到小酒馆去,卡萨杰玛斯却只是坐在那儿喝个不停,一点都没有欢欣的表现。毕加索又把他带到吉普赛人聚居的地方,召集了他们的歌手和听众。但是没有用,卡萨杰玛斯失踪了,他搭上了北行的火车。

　　卡萨杰玛斯于1901年又回到了巴黎,2月17日时他的身体状况略有好转。他写了许多信,邀请朋友们当天晚上一同晚餐。

　　在餐厅里,派亚瑞斯和其他一些朋友以及赭曼妮都在。晚餐很好,他们喝了几瓶酒。卡萨杰玛斯看起来颇为神经质且接近崩溃,在晚饭接近尾声时,他站起来开始用法文讲话,一边说一边把手伸入口袋。赭曼妮看到了他掏出的手枪,马上蹲了下来,子弹只擦伤了她的后颈。接着卡萨杰玛斯举枪对着自己的太阳穴开火,在一小时之内就死去了。

两个小丑

多变的风格

　　成功太重要了！常有人说一个艺术家应当为
自己、为对艺术的热爱而工作，而且要嘲笑成功。
这是一个错误的观念。艺术家需要成功，不只是
为了生活，主要还是为了能看清自己的工作。

——毕加索

蓝色时期

卡萨杰玛斯的死讯传到毕加索的耳中时，他正在马德里。最初的惊骇过后，有一段时间他却似乎表现得相当平静——在几个月中他的画作没有显出任何变化。

毕加索在西班牙首都马德里十分忙碌，有位朋友要和他合作发行一本文学与艺术方面的评论杂志《青年艺术》，目的是把卡达浪的现代主义推展到卡斯提拉人当中。毕加索负责里面几乎所有的插图，包括一些广告，广告中还推荐了一本叫做《马德里·艺术评论》的书，是他那位朋友的著作，毕加索也为这本书画了插图。

但是那本书一直没有出版，而《青年艺术》在出刊五集之后也无疾而终了。毕加索在马德里的生活很苦，他在哲班诺街租了一间楼顶的房间，此外他只买得起一张铺草垫的行军床、一张桌子、一把椅子，到了晚上靠着一支插在酒瓶里的蜡烛的光线来工作。他狂热地画着，忍受不足的供水及光线；饮食方面自然也很节俭，虽然抽了不少烟却很少喝酒，而用矿泉水作开胃饮料。不过这种斯巴达式的生活也有极限，寒冷的气候麻痹了他那地中海式的活力。

现代主义风气刚刚吹到马德里，毕加索在巴塞罗那时早已接触过它，而在巴黎更是大量地吸收它，他自己的作品有好一阵子早已超越了这个阶段。对毕加索来说，如果巴塞罗那显得土气，那马德里除了普拉多博物馆之外，简直就是文化的沙漠。

虽然毕加索在马德里结识了不少有趣的人，虽然他卖掉了一些画，虽然马德里的冬天也行将结束，露出了太阳，但是到了5月的时候，他却放弃了他的阁楼、桌椅，还有他寿终正寝的《青年艺术》，回到了巴塞罗那。

　　毕加索带回了大量的画作，大多是用蜡笔画成的。其中有一幅叫《侏儒舞女》。这是一幅猛烈、狂野的作品，构思、着色、下笔都极其精彩，图中那粗鄙、难以名状的畸形女孩，让人乍见之下就兴起一种残酷的感受，但再看一眼就可发现在那明显的苛酷之下，有着深深地同情，是一种不动声色的怜悯。

马戏班支肘的小丑

　　毕加索的目的地是巴黎，他要把大批答应过曼雅克的过期画作带去给他，因此只在巴塞罗那作了极短暂地停留。这段时间里他举办了一次画展，虽然并不是个人展，而是和拉蒙·卡萨斯的画作一同展出，但是能和这样有名的画家一同展出就是一种荣幸。

　　巴塞罗那的美术评论杂志刊出了一篇赞美他的文章，是由极具分量的批评家尤特里欧所写的：

　　　毕加索的作品是非常杰出的年轻艺术；它们是他那对具有观察力、不放过这一时代弱点的眼睛下的产物，表现出美，甚至是丑恶的美，是一种因为画家忠实画出他真正看到的东西所产生的美。这些展出的蜡笔画只不过是毕加索才气的一部分而已，这位艺术家会引起许多争议，但也会引起所有企图打破既存形象、寻求所有艺术形式的人们的尊敬。

这对一位未满20岁的画家来说是极其亲切的鼓舞，但毕加索并没有留在那里享受它。他很少参加自己画展的开幕，这是可以理解的，因为在画展中，画家要把自己的作品赤裸裸地挂在墙上，超出自己的控制，也不能再加以改变；另外一方面是因为他得穿上最好的衣服站在那里，听陌生人问他："这幅画想要表现什么？"毕加索对这一类的事情向来无暇理会。

在画展还没有结束时，毕加索已经到了巴黎。曼雅克住在克里奇大道的一间小寓所，他欢迎毕加索以及他带来的画作，并邀请毕加索住下，还告诉毕加索自己已经为他安排了一场展览，不是在波瑟·韦儿的画廊，而是在一家拉斐特路上的更大、更重要的画廊。

1901年6月24日开幕的这场展览又是一个合展，共同展出作品的是30多岁的巴斯克·埃乡里诺，而批评家的注意力都集中在较年轻的一位身上。古斯塔维·柯奎欧特，最具影响力的评论家之一，在评论上写道：

大量的技巧——年轻的、粗糙的源源而出。毕加索是个画家，全然美妙的画家，他对所画对象的提升证实了这一点。像所有纯粹的画家一样，他崇拜色彩的本身，而每件物体都有它的色彩。他爱所有的主题，而对他而言任何东西都是个主题——花朵从瓶中腾跃的光线，花瓶本身甚至它下面桌子的跃动，还有那个飞舞着、充满光线的空气……

悲　剧

毕加索
Byjiasuo

这次画展真正带给毕加索的，除了赞美之外，就是麦克斯·杰克卜的友谊。他是一位格外具有感受力、聪明而又一贫如洗的批评家、诗人和作家。他对毕加索的作品印象深刻，因而想法子去结识毕加索。

麦克斯·杰克卜当时 25 岁，看起来却要比实际年龄大得多。他是个极有天分的人，读书多、吸引人、口齿伶俐、非常感性、害怕女人，是一个犹太裁缝的儿子。他在画廊留下一张赞美的字条，曼雅克得知，便请他到克里奇大道去拜访毕加索。事后他描述道：

> 他被一大群穷西班牙画家围在中间，坐在地板上吃喝聊天。他每天画两三幅画，跟我一样戴着一顶高帽，在那些日子里，他把晚上的时间都花在音乐厅的布景后面，画那些明星的像。

他们握着手，相互笑了笑，因为没办法用语言沟通，便又握了握手。杰克卜看了看那些画布——毕加索来了之后已画了好几卷，随后又出现了很多西班牙朋友。一开始的拘谨消失了，有人煮了一盘豆子，他们就散坐在尘埃中吃着。晚餐结束了，所有的人，除了毕加索，开始用人声来代替乐团，企图演奏一首贝多芬的交响曲。

第二天，毕加索和他的朋友们结伴来到杰克卜住的小房间去回访，经过了很长的一段时间后，有些西班牙人离去了，身为翻译的曼雅克睡着了；毕加索和杰

两姐妹

克卜注视着挂在墙上的道弥尔、加伐尼兹和杜勒的木刻。毕加索不知用了什么方法表达出他想听杰克卜的诗,那天晚上剩下来的时间他都在听诗。他们黎明告辞的时候,杰克卜把道弥尔、加伐尼兹和杜勒的那些木刻都送给了毕加索。

此后他们就常常见面,而毕加索和曼雅克的关系开始变得不愉快。很少有人能成功地把生意和友谊结合在一起,曼雅克也不例外。毕加索开始不喜欢那些成批涌来的朋友们,因为他们几乎成了他家的掠夺者。但这位商人对毕加索的影响比起卡萨杰玛斯的阴影来,根本不算什么。毕加索住的地方离他朋友自杀的小餐厅只有几步之遥,毕加索在全巴黎几乎找不到一个地方不使他联想到那起悲惨的自杀事件。

招 魂

那一年的冬末,萨巴提斯来到了巴黎,他是特意来找毕加索的。这里的许多事都让萨巴提斯非常惊讶:在雾中昏暗的橘色太阳下,才早上 10 点,毕加索就已在车站等他,平常这时候他还没起床呢。而当毕加索把他带到克里奇大道的住处,给他看最近的画作时,萨巴提斯更加惊讶了。

完全不同了,这些似乎跟他在巴塞罗那所认识的毕加索完全没有关联。其中有一些猛烈的、色彩鲜艳的图画,是毕加索自己的视野和凡·高的融合;一些人像,色彩斑驳得像扑克牌一样;一些丑角,悲伤而孤独的人物;另外还有卡萨杰玛斯的画像,活的和死的都有;一些在开启的棺木边的哀悼者;一幅命名为《招魂》,有时又称为《卡萨杰玛斯的葬礼》的巨幅画作。此外还有一些好像完全来自另一世界的作品,一幅印象派的克里奇大道,几幅令人满意的静物。但最重要的是,所有这些,属于毕加索的整个世界,都渗入了蓝色。

"你觉得怎样?"他指着这些全新而令人困惑的图画间。

"我会及时习惯它们的。"萨巴提斯回答。而毕加索看来似乎无动于衷,他匆匆地出去替他在附近的旅馆找好了一个房间。

曼雅克颇为沮丧,不只是因为那些西班牙的穷人,而且还是由于毕加索的画风不可捉摸。毕加索从巴塞罗那带来的那些斗牛画,还有在克里奇大道头一个月的作品都很令人欣赏,当时的毕加索似乎是个可指望的投资。但却没有人会买这些近作——这位商人痛恨"蓝色时期"。

妇 女

商人对自己的行业懂得多么少!凡·高活着的时候没人买过他一幅画;而曼雅克,手里拥有无价之宝,却催促毕加索去走健全的商业路线。高知识水准(而且十分有钱)的艺术爱好者,从来不会想从音乐中听到一个故事,却仍然指望他们买的画中有某种程度的文学意义。这样,当别人问那象征着什么时,他们才有话可说。多年之后,毕加索有一次被一个女人问道:"它象征着什么?"他回答:"夫人,它象征着 2000 万法郎。"

在巴黎的日子里,一个洋溢着惊人活力的毕加索,整晚寻欢作乐,到处寻找小酒馆、音乐厅和马戏团。然而另一个毕加索,那个非常寂寞的人,孤独地工作,航向一片未知的海域,除了实实在在作画的那一刻外，完全无法知道自己的去向。有创意的艺术家必然是寂寞的，人们可能会阻碍他，却绝对无法帮助他。毕加索当然有某些极重要的东西想要说出来，然而托洛斯·劳崔克、凡·高，尤其是塞尚，他们所做过的事也许能帮助他说出来，但根本上这完全是他一个人的事；他要么就一个人完全成功，要么就一个人彻底失败；而如果他失败了，他的生命就不再有任何意义。死亡和创作有一个相同点：一个人在两者面前都是完全孤独的。

那一年代的绘画艺术可以说是死的，毕加索必须为自己找到一条出路，也只能独自去做这件事情。奈比斯，那个时代的先锋，可能根本不会明白他在说些什么；凡·高11年前就自杀了；高更正在大溪地；塞尚在普罗旺斯；托洛斯·劳崔克已经进了坟墓。毕加索那时还不认识布劳格或马蒂斯，虽然他身旁有一大群愉快的、可亲的伙伴，但他只可能和麦克斯·杰克卜谈他画里更深一层的含义，因为语言的障碍束缚了他。毕加索现在已经学了一些简单的法语，不过还绝不够达到艺术交流的目的。其实即使他能说流利的法语，任何词句所能表达的也不如一张图画。

毕加索在巴黎停留的最后一段日子里画了一幅自画像，上面是一个裹在一件黑色大衣里的半身男子，严肃的大衣和近黑色的头发强烈地对比出他苍白的面孔。他有一圈胡须，一些杂乱的小髭，而他特大的眼睛深深地下陷，凝视着远方。这张面孔不再年轻了，毕加索生活得极其艰苦，而且一直受着寒冬的折

蓝色自画像

毕加索

磨。事实上，事情还不只是这样而已，他这张脸上刻画着不同的磨难、怀疑、内在的冲突以及深深地不快乐。

"他相信艺术是悲伤和痛苦的孩子。"萨巴提斯说，"他相信不快乐适合沉思，而痛苦是生命的根本。"

任何看过这张自画像和毕加索这时期的其他作品的人，都不会否定这些话。

萨巴提斯再度见到毕加索时是在 1902 年的春天，毕加索已经回到了巴塞罗那，住在家里，并在附近一间楼顶的画室工作。这间画室充满了地中海的阳光，与巴黎的寒冬形成了明显地对比。然而他的画作还是蓝色的，甚至比以往还要蓝。

毕加索在巴塞罗那停留到秋天，其间随时都在努力工作，形成了一种固定的生活方式：起得很晚，工作一整天，然后到"夸特·加兹"或其他小酒馆去，聊天到早晨。然后，当最强健的人都回家睡觉之后，他还会在清晨的微寒中四处漫步。

这几个月中的作品大部分还是接续着巴黎时期的路线，而且发展得更加彻底：当然还是蓝色的，而且开始着重单一的形象。物体有所简化，外面的轮廓加强，而细节已被单一的色块所取代。此外，他作画的对象似乎可视为是一种对社会的抗议——乞丐、赤贫的女人抱着孩子、瞎子、疯人、流浪汉。毕加索提到贫穷、饥饿和孤独时，知道自己想说什么。他当时在生活中常与城里的工人阶层有着密切地接触，那些人的工作情况如此不可忍受，以致在他刚回来的那个月中就发生了好几次暴动，2 月的时候更开始了全面性地罢工。权力当局派了著名的韦勒将军来处理巴塞罗那的情势，而韦勒将军采取了太鲁莽的压制手段，导致了政府的垮台。不过数周之后他们东山再起，把工人阶层压到原来的地位，并将他们中的一些分子处决或关了起来。

毕加索在巴塞罗那一点都不快乐，1902 年的 10 月他出发作第三次的北上。这一次他抱着很高的期望，因为头两次来的时候虽然没有赚到很多钱，却已建立了很多关系，对一个年轻画家而言可以说前景看好。

但这一次好像一切都不顺心，没有一件事称心。他先是在拉丁区的艾克斯旅馆落脚，跟他所有的朋友都相隔甚远。然后他又搬到一家更便宜，位于塞纳路的马洛克旅馆，与雕刻家阿加洛合住一个小房间。

矮屋顶下的一张大床几乎占去了所有空间，所以当那位雕刻家要走动的时候画家就得躺下。一个小小的圆窗是他们所有工作的光源，不过毕加索在此还是画出了许多作品。房间租金很低，一个礼拜才5法郎，不过他们还是不大付得起，而麦克斯·杰克卜注意到"毕加索和那位雕刻家都不常吃东西"，因此他常常会带一些炸马铃薯给他们吃。

麦克斯·杰克卜26岁，他曾当过一个律师的书记，一个律师的秘书，还做过保姆、钢琴教师和艺术评论家，目前正靠当一个小孩的家教来维持生计。不过现在情况有所好转，他的一位有钱的亲戚在伏泰尔大道开了一家商店，找他去做底层的店员。杰克卜在附近租了一间第五层楼的小房，没有暖炉，而且只有一张床，不过他还是马上邀请毕加索一起来住。

毕加索一向喜欢在灯光或烛光下工作，这正好，他白天睡觉，等杰克卜从店里回来要就寝时，他就起床，画上一整个晚上。

有一阵子日子过得比较舒服，他们有煎蛋卷和豆子吃。不过麦克斯·杰克卜不是很适合固定的职业，而且在店里表现得并不好，而且又是那么潦倒，所以虽然和店主有血缘关系，他还是被

熨衣服的女人

开除了。

在最穷困的时候,有一次毕加索和杰克卜在街边摊子上买了一个肉卷,把它带回家去,加热的时候它不断地胀大、再胀大,最后炸了开来,除了皮和烧焦的肉味外什么也没剩下。当时这件事在他们看来绝不是有趣的。没有人买毕加索的画,虽然有人曾想帮助他:波瑟·韦儿在那一年里为他举行了3次画展;查理士·莫利斯也在1902年12月所撰写的评论中对他加以赞扬:

> 不凡的、孤绝的悲伤出现在这年轻人的所有作品中,这是些已经无可限量的作品。毕加索,他在认字之前就开始画画,似乎担负着表达一切存在事物的任务,而他就用画笔来表达它们。我们可以说他是一位想要重整这个世界的年轻神祇,但却是一位忧郁的神祇。他所画的数百张脸孔都是苦痛的,没有一张带着笑。这是无可挽回的吗?我们不清楚。但毫无疑问的是,他的作品蕴藏着力量、才能和天赋。

情势到了他非回家不可的时候了,毕加索出价200法郎,想把所有波瑟·韦儿没能帮他卖掉的一大堆画卖给任何想要的人。这时正在1月天,是最冷的月份,为了取暖,他把他的素描和水彩画烧了很多,整整烧掉了一大叠。

蓝室

回到巴塞罗那的毕加索,仍然没有摆脱卡萨杰玛斯的阴影。他在过去与卡萨杰玛斯同住的那间画室工作,周围处处可见到往日的相识,甚至他们画在墙壁上的家具和仆人也都还在。他开始画一连串的草图,酝酿着他在这一时期最重要的作品。有一幅画被很多画商和艺评家命名为《生命》,虽然它的含义有多种解释,但都与卡萨杰玛斯的死有关,这是不容置疑的。

《生命》这幅画起草虽然很早,真正动笔却在 1904 年初。毕加索为此做了许多准备,去找派亚瑞斯、萨巴提斯和"夸特·加兹"的朋友,还有许多其他人,把早日生活的线索一点一滴地收回记忆中。不过在

盲人的晚餐

1903 年的巴塞罗那,政治的局势也影响到了毕加索。学生革命运动兴起,权力当局关闭了大学;那一年里有 73 次罢工,有些还伴随着暴动;当局镇压的手段粗暴而沾满血腥。失业率增加,穷困工人、流浪汉、老人、瞎子、跛子的命运变得更加悲惨。这些在毕加索的画中都反映了出来:1903 年的作品有《老犹太人》(画着一位古代的老年乞丐,身旁有一个眼神清亮的小男孩护卫着)、《盲人的晚餐》(画着一个瘦削,颇为年轻的盲人,坐在桌旁,拿着一片面包,一边摸索着水壶),还有《老吉他手》等等。毕加索深深关切着人们的贫穷、失明(贫困的极限),还有孤独。

《生命》是蓝色时期最大幅的油画之一,许多看过这幅画的人都想解释其中的含义。尽管解释各不相同,但解释者似乎都比毕加索本人知道得多。有些人会写出这样的话:"毕加索不自觉地表达出……"或是"毕加索本身没有察觉到,但他确实吸收了……"

关于这幅画,毕加索日后这样说:"《生命》这个名字不是我取

毕加索
Bijiasuo

的,我根本无意去画一些象征;我只是把我眼前浮现的景象画下来而已,替它们找隐藏含义的是别人的事。据我所知,一幅画本身就足以解释它自己。一切都表达得明明白白,做一些解释又有什么用呢?一个画家是只用一种语言的……"

画的左边是一个女孩,裸体,站在卡萨杰玛斯身旁,两只手臂都倚在他的肩膀上。卡萨杰玛斯的手摆得很低,指向画对侧的一个年长女人。这女人赤着脚,穿着一件深蓝色的长袍,袍褶中抱着一个婴儿,她默默地注视着那一对男女。在背景齐肩高的地方有一幅图画,中间有两个裸女彼此用手臂拥抱对方,年轻的一个似乎在安慰年长的一个;下面另外有一幅较大的图画:一个女人坐在地上,她的头伏在膝盖上。整幅画面给人一种深深的、长久的、不快乐的感觉。

生 命

毕加索在作这幅画期间,萨巴提斯常常陪着他。一天,他们在小酒馆中和朋友们在一起,当话题开始变得沉闷时,毕加索瞥了萨巴提斯一眼,说:"你来不来?"然后就站起来,走了出去。

回去的路上,除了"真是天生的笨蛋"和"你不觉得他们是笨蛋吗?"这些话之外,他很少再说话。到了画室门口,他把萨巴提斯一把推了进去。

画室里,毕加索锐利地注视着萨巴提斯,在书架上放了一张画布,然后说:"我要画你的肖像,好吗?"

他需要一个同伴,一个人在眼前,但必须是个不会说话的——他不想谈话。萨巴提斯站在那儿,尽责地沉默着,毕加索则专心静默地画着。终于大致画好了,毕加索把画笔一丢,大叫:"喂,你为什么不说话,兄弟? 你的舌头不见了吗? 别人会以为你心情不好呢。"

他们又快乐起来了,健谈而愉悦。他们一起出去散步,世界还是可以生活的,人们不再令人厌烦了。

第二天他加了最后几笔,完成了这幅肖像。当然,还是蓝色的,但嘴唇上饱满的红色,领带夹的亮丽金色是过去所没有的。这是一个令人展望的前兆。

玫瑰时期

东扣西省,节衣缩食,卖了一些画所得的钱又把毕加索送到了巴黎,这是 1904 年 4 月间的事。这一次,他在拉维南街 13 号找到了一间画室,13 号是一幢用木头、锌片、肮脏的玻璃建成的五层楼房,上面横七竖八地伸出许多烟囱。麦克斯·杰克卜觉得这房子很像塞纳河上载着洗衣妇的船只,因此就把它称为"洗衣船"。事实上里面确实住了一些洗衣妇,还有一些女裁缝,许多画家、雕刻家、作家、菜贩和演员。

毕加索的画室是在底层一条长走道的尽头。他在此时所认识的大多是西班牙或卡达浪人,包括了彼克特、罗卡洛,还有当时很有名的苏洛加,当初教他做第一次蚀刻的康纳斯以及杜利尔和马诺洛。

马诺洛和毕加索之间的友谊持续了一生。毕加索欣赏马诺洛的雕刻,马诺洛也欣赏毕加索的绘画,但事情不只是如此而已。

马诺洛比毕加索年长10岁，是一个私生子，很小的时候就开始在巴塞罗那的街上乞讨生活，在生存竞争的磨炼中变得十分精明，比较难听的字眼像强盗、小偷、"三只手"都曾经加在他身上。他曾在杜利尔不在家的时候把他墙上的高更画全都卖给了别人，又曾趁麦克斯·杰克卜正在睡觉时偷走了他唯一的一条裤子，只是后来因为没有商人肯出价，又把它还了回去。马诺洛极端地机智、乐观，甚至连他的受害者——也就是说几乎所有他的相识都对他毫不怀恨。对他来说，毕加索永远都是"小毕加索"，而毕加索跟他在一起比跟谁都快乐。

"洗衣船"中的另一个住客，一位叫作斐南蒂·奥莉维亚的法国女人，是一个被神志不清的雕刻家丈夫遗弃的妻子，她常常看到毕加索跟马诺洛一起大笑，在小庭院的树下和西班牙朋友聊一整天，有时还和当地的小孩儿在灰里面画小鸡、鸭子。她觉得奇怪，不知毕加索还有什么时间来工作，后来才发现那是在夜里，油灯或烛火的照明之下。

拿扇子的女人

这个时候毕加索23岁，斐南蒂岁数也差不多。她是一个高大、爱睡觉，且极为美丽的女人。一个炎热郁闷的午后她到屋里躲避一阵雷雨，毕加索也正站在那儿，怀里抱着一只小猫；他挡住了她的去路——他们两个都笑了。他把小猫交到她手里，邀请她来参观他的作品。

斐南蒂看过其他很多画室,却没有看过像这样的,不止是因为它的杂乱,更是因为里面的一大堆画。它们全都是蓝色的。她虽然觉得有些不健康,却还是很喜欢。另外那里还有一幅蚀刻——一对赢弱的夫妻坐在铺纸的桌前,桌上放着一个酒瓶、一个空杯子、一个空盘子和一块面包,那个饥饿男人的脸转向旁边,不过手臂却围着妻子的肩膀,另一只手握着她的手臂。这一幅,便是后来极为出名的蚀刻《淡薄的一餐》。

过了一段时间,斐南蒂就搬去跟毕加索住在一起。确切的日期不清楚,不过差不多就在同一时间,极不快乐的"蓝色时期"结束了,渐渐进入了毕加索的"玫瑰时期"。

毕加索在巴黎住的时间还不长,但他已经完成了不少作品,并且已结交了不少法国的和一些不太会说法语的朋友,像阿波林纳、沙蒙、瑞弗第、雷诺等等。阿波林纳是一个活跃的诗人、小说家,他和毕加索以及其他很多人都常常到"丁香园"去,在那儿认识了许多诗人、作家。有一位叫阿弗雷·加瑞就很喜欢毕加索,还送给毕加索一把手枪,那是一把小白朗宁手枪。毕加索以后常常把它放在口袋里,每当听

情　人

到有人说出轻蔑塞尚的言语,他就会把它掏出来放在桌上,说:"再讲一个字我就开火。"

毕加索在其他画室也有很多朋友,而"洗衣船"的每一个住客也都很快认识了毕加索。阿波林纳和毕加索的西班牙友人常在

毕加索

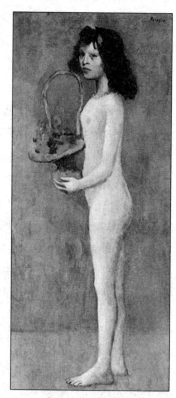

晚餐时刻不请自到,毕加索和斐南蒂常与他们或其他画家一起进餐,另外他们的屋里还养了许多小动物:一只老鼠、许多猫、更多的狗,甚至还有一只小猩猩。毕加索除了喜欢动物之外,还常常跟朋友去马戏团玩耍,他喜爱那里的气氛,那里所特有的艺术整体表现和那些人们全然职业化的训练。

此时毕加索的物质生活极端地不稳定。他很久都没有做任何展出了,不过还是与几位画商保持接触:渥拉德、波瑟·韦儿,还有克劳维斯·沙果。有一阵子毕加索发现自己已经欠了颜料商 900 法郎的账,颜料商也因此断绝了对他的供应。这对任何画家而言都意味着要挨饿了,此时渥拉德不买他的画,而沙果只能出很低的价钱。这段时间里毕加索常常把画画在用过的画布上,甚至是画布的背面。

1905 年的大半年情况跟 1904 年一样糟,偶尔卖出的画赚的钱只够维持他不倒下。他当时生活的社会并没有社会保险,对失败者也极少有慈悲。整个的日子是困窘的。

不过好日子来了。"玫瑰时期"和"蓝色时期"的作品开始被人接受,甚至到了受欢迎的程度;就在 11 月的时候,里奥和赭特露德·史丹夫妇在拉斐特街上闲逛,看到了沙果店里毕加索的作品,马上对他产生了兴趣。当这对夫妇第二次来的时候,沙果拿出毕加索的《拿花篮的小女孩》给他们看。里奥·史丹用 150 法郎将它买下,带回锦簇路的家中,和他收藏的塞尚、高更和马蒂斯的画挂在一起。

拿花篮的小女孩

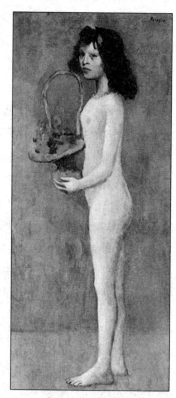

后来史丹夫妇由一位法国作家带领到毕加索的画室拜访他，并且一次就买了800法郎的作品。这次会面对毕加索极为重要，不只是因为正当拮据的时候得到了这一大笔钱，而且因为史丹夫妇是稳定的、不挑剔的买主，此外他们使毕加索的名声在可能买画的人之间传开了。史丹夫妇和毕加索一见面就喜欢上对方了，他们邀请他和斐南蒂来家中共进晚餐，此后互相都不再拘礼了。毕加索对赭特露德·史丹的相貌极为着迷，为她画过许多幅肖像，一直到多年以后，毕加索再也不愁找不到买主时，他们的亲密关系仍然存在。

此外，这一次的会面还产生了毕加索与马蒂斯的友谊。毕加索的作品在1902年时曾在波瑟·韦儿的店里跟马蒂斯一同展出过，但他们本人却从未见过面。史丹夫妇有一次带着马蒂斯和马蒂斯的女儿玛格丽特去拜访住在"洗衣船"的毕加索，而事隔50多年之后，玛格丽特仍然记得他们房里的那只庞大的母狗"飞卡"，她判断那是一只圣伯纳狗。斐南蒂出奇的美丽、可亲和高大的身材，也使这孩子印象很深。还有，她帮他们的咖啡准备糖的方式（她走到食橱前面，用手捞起一大把，然后把它洒在桌上比较干净的一块地方）一样使玛格丽特难忘。

这时候的马蒂斯虽然还不太出名而且一贫如洗，但已是一个杰出的、引人争议的人物。他是野兽派的领袖，他那野蛮的、色彩鲜丽的画曾在1905年的秋季沙龙上使观赏者震惊，引起了一场争议风暴。

1905年的马蒂斯35岁，而毕加索是孩子气的24岁。马蒂斯是一个高大、胡须漂亮、样子好看的人，博览群书，教养极佳。他是一个出身于中产阶级的北方法国人，有点含蓄，不过他在社交上很自如，尤其擅长有礼而富于智慧的谈话，而且他喜欢天伦之乐——他的妻子和他女儿玛格丽特对他来说是最重要的。除了对绘画的共同狂热外，再也找不出任何两个人像马蒂斯和毕加索这么不相像的人了。但是马蒂斯是这样唯一的一个画家：他的成就使毕加索一生都受到激励，而以其作为评判自己的标杆。

马蒂斯很喜欢毕加索,过了一段时间后他把瑟盖·舒金,一个来自莫斯科的有钱人布苘介绍给毕加索。这位收藏家时常到巴黎来,而他第一次到拉维南街时就买了毕加索两幅作品,而且付款极大方,此后一直到1914年期间,他起码买了50多幅毕加索的画。在他之后又有糖业富豪伊凡·莫洛索夫跟进,以致俄国后来拥有从蓝色时期一直到分析立体主义的众多毕加索作品。

穿纱衣的女子

马蒂斯和毕加索都了解这些有钱的业余爱好者的真正重要性,他们当然不否认金钱的价值,但他们两人也都明白有些事情远远重于物质上的获得。受到承认、受到推荐、受到有识之士的赞美本身就是一种激励。毕加索曾说:"成功太重要了!常有人说一个艺术家应当为自己、为对艺术的热爱而工作,而且要嘲笑成功。这是一个错误的观念。艺术家需要成功,不只是为了生活,主要还是为了能看清自己的工作。"

成功是必要的,而它也正缓缓地接近毕加索。蒙马特常有许多访客,大多是来找乐子的巴黎人。另外也有少数外国人,像匈牙利人、德国人、捷克人、高而苍白的瑞典人,他们是因关心艺术而寻访某些特别的艺术家。有些人找到毕加索,请他解释他的画——它是什么意思?他一辈子都厌恶这种问题,而这些问题一辈子都阴魂不散地纠缠着他。

什么人都想了解艺术,他生气地叫道:"为什么不去了解一只鸟唱的歌?为什么人们可以爱夜晚、花朵、周遭的一切,而不试着

马上的姑娘

去了解他们？可是提到了绘画，每个人却都想了解……"

　　毕加索晚年的时候，用故作神秘、开玩笑或粗鲁的态度来对付这种问题，但在年轻的时候，他的手段远远比这更为激烈。有一天晚上，他在餐厅被一群热切的德国人烦得要死，他走了出来，那些人大惑不解，也跟着走在后面，到了一个广场，他转过身来，亮出他的白朗宁，连开了好几枪——这真是一个令人无法忽略的暗示。

　　不过并不是所有的访客都如此烦人，事实上，他们带来不少金钱。有一天温拉德到"洗衣船"来，把毕加索画室里的全部作品一股脑儿买光，付了 2 000 法郎。看着这一大笔钱和空了的画室，毕加索决定要好好度个假，于是和斐南蒂搭上了去往巴塞罗那的火车。

　　斐南蒂的出现既不使荷塞家惊讶，也没有使他们不高兴。他们都很喜欢她，奇怪她为什么不嫁给毕加索。她并没有提到那个疯子雕刻家——她法律上的配偶。她让毕加索的朋友们都很高兴，包括派亚瑞斯在内。

　　不过这里只是他们旅程的中站。待了几天之后，他们就出发到了高索，一个位于比利牛斯山高处的山城。

毕加索

　　高索的生活方式跟欧塔很像,也跟欧塔一样在卡达浪的语言和文化圈内,因此毕加索就像回到了家乡一样。他住在唯一的一家小客栈里,跟当地的村民交上了朋友,并且开始作画。

　　刚开始在高索作画时,他似乎还延续着他的古典作风,画着柔和的形体,大多用粉红色,有些作品上只有这一种颜色。其中有一幅斐南蒂的人像,另外还有一幅裸体人像,画中的女人手举在头上,对着镜子整理着头发,镜子由另一个女人拿着。但是不久之后,他的画风忽然变硬了,粉红色不再那么艳,人的形象开始变得像雕刻的形状,脸部有着无表情的、面具般的特性。《送面包的人》,一幅大型油画,上面一个戴头巾的女人和两大块黑面包,面包下面垫着白垫子。这幅画就显示出这种变化,而在毕加索返回巴黎后这种变化更为明显。

梳 妆

　　1906年夏季的这几个月是十分美妙的,不但产生了不少作品,恢复了毕加索的健康以及他跟乡间生活的接触,也强壮了他的身体、心智和精神。这些日子本来可以一直持续到秋天,不过客栈里的一个小孩忽然得了伤寒病。毕加索一向惧怕疾病——死亡的前兆,因此他坚持马上赶回法国。

　　回到巴黎之后,毕加索用他从高索带回的画作重新填满了他的画室。上次唯一还留在画室的是一张未完成的赫特露德·史丹的肖像,脸孔的部分还是一片空白。他在还没有机会再次见到她之前,就凭记忆完成了这幅肖像。美丽的脸蛋被一个面具所取代,不动而专注,有一双严厉的、高低不平、大小不等的眼睛。朋友们都吓坏了,模特儿本人倒是很高兴。至于"相似"的问题,正如同毕加索所预言的,她随着年岁的增加越来越像这幅肖像。

这幅画之后跟着又是一幅自画像,在此,那种面具的特性更加重了。而后又出现两个裸体人像,巨大、粗壮、似雕像的女人,像铜色一般淡红,以传统标准来看称得上丑陋,而且丝毫不带情感,整个的感受跟玫瑰时期完全不一样。

这个时期他开始注意到野兽派了,他马上知道他们的表现手法和艺术风格不是他自己的答案。此外,由于塞尚在 10 月间死去了,他身后的作品展览更打动了毕加索的心。他一直都很欣赏塞尚,他

立着的裸女

看过愈多塞尚的作品,愈发现塞尚也被自己所困惑的同样问题所占据。塞尚说的"用柱体、圆形和角锥去处理自然,并把它们都纳入配景……"立即引起了回响,两个相似的心灵产生共鸣了。

1906 年的秋天到 1907 年的春天之间,毕加索不断地酝酿,经过一连串的准备和许多草图的尝试后,所产生的是最具野心的一幅作品,在这幅作品中他要把他的绘画、雕刻的观念和其他许许多多东西结合起来,这是关于空间、体积、质量、颜色、平面和线条的所有概念。1907 年春天完成的作品上面有五个女人,她们的所有人性和感觉都抽象化了:她们粉红色的身体,几乎没有任何修饰,在画面上排列成从左下方到右方的对角线,其中一个则蹲踞在右下方。左边的三个女人有着"高索"式的面具脸孔,其中一个

头部的轮廓上可看到一只几乎占据全脸的眼睛,另外两个头部脸上可看到鼻子的轮廓,像楔子一样尖,身体部分大多是由直线和有角的平面构成。她们站在蓝色的背景之前,而右半边扭曲的力量更达到另一个高峰:蹲着的女人脸部转向右方,形状被野蛮地打乱了,而上方站着的女人脸孔是一个长脊、突出的鼻状物,极像刚果的某种面具。

毕加索创造了立体派的第一件成品,一幅革命性的可怕画作,连带着它的全副潜力和全新审美观,如同一颗无政府主义的炸弹投入了西欧的绘画界。

他邀请了一些挑选过的朋友来他的画室,希望能传达这个来自另一世界的信息,不奠基于美的审美观,但是他的努力是枉然的。他们完全没办法掌握它,他们仅有的反应是震惊、慌乱、惋惜、一些神经质或愤慨的笑声。即使是富有鉴赏力的舒金也摇头叹息为"法国艺术的一大沦落"。

这枚炸弹没有马上爆发,但在一长串缓慢的消化过程之后,《阿比南少女》被证明是这个时代最有力量、最具冲击性的一幅画。

★★◇◆◇★★
知识链接
★★◇◆◇★★

印象主义

印象主义过分强调色彩、光线的变化,忽视了对象形态的稳定性和客观性,由此也有一部分画家首先产生了不满,塞尚最先提出了改革印象主义的提议。他忠实于自己的双眼,企图表达多重视野,认可视点移动的事实。同时期的另外两位画家凡·高和高更也很注重色彩的对比关系和体积感。

1907年春,毕加索坐在"洗衣船"里的画室,苦苦构思一幅反映巴塞罗那阿比南大街妓女生活的作品。好几个不眠之夜过去了,完整的草图出来了。五个裸女坐在夜总会的舞台上,柔嫩的粉红色肉体在蓝色的背景映衬下显得非常突出。经过4个月的修改,一幅尺寸巨大的《阿比南少女》诞生了。 这幅立体主义的处女作和代表作像一颗炸弹投向巴黎画坛，引起了同行知己们的漠视、误解甚至抨击。 它无疑是西方现代艺术史上的一次革命性突破，引发了立体主义运动的诞生。

立体主义是20世纪最重要的前卫运动。 它对后来的各种现代派艺术都产生过不同程度的影响。 立体主义者所关心的核心问题是，怎样在平面的画面上画出具有三度，乃至四度空间的立体的自然形态。20世纪现代科学技术的发展，使传统的"时间"、"空间"等基本概念受到挑战，画家们因而有理由以更适应现代观念的科学法则来表现自然。 这个法则就是按结构重新组建物体的形象。

过渡时期

毕加索常人的一面受到了强烈地伤害。布劳格说："你要逼我们吃煤层、喝煤油。"马蒂斯则相当地愤怒。里奥·史丹说："你想要画四度空间？多么有趣！"而且还加上一声驴鸣似地长笑。而渥拉德则说："这是疯子的作品。"因此，毕加索悄悄地把画收到一边，以后十多年都没有拿出来。但是他超凡的一面却绝不理会别人的判断，他知道自己的工作还没有全部完成，而他的意愿仍很强烈。

毕加索说过他的绘画是一种不断尝试的过程，《阿比南少女》把他带到了立体派的边缘，但在朝那个方向更进一步之前，他的追寻把他引到了关于形状和体积的研究上，而构成了他的"黑人期"。

1905年的时候，布劳格、马蒂斯、佛拉明克以及巴黎的整个比较前卫的艺术界都在赞美、收藏一些他们称为"神物"的非洲雕刻，他们把它们当作雕像来欣赏，而只有毕加索以它们的本来面貌去看它们。毕加索是因为纯粹的好奇而走入"人种博物馆",在那里,那些黑人的雕刻首次启发了他。

日后,在1937年,毕加索曾与别人谈到这一段经历——

拿烟斗的男孩

……对马蒂斯或狄伦来说,这些黑人的面具只不过是一些木雕——另一种形式的雕刻而已。……在那间博物馆里,只有我一个人,那里的气味极难闻。我想要出去,却没有走;我留在那儿感觉到一些对我很重要的事要发生了。

那些面具不只是一般的雕刻,绝对不是。它们是魔法。我们先前根本不了解这回事,我们把它们当作原始的雕刻,而非魔法来看。这些东西是仲裁者,抵御任何事情:抵御未知的、可怕的神灵。我一直注视着这些神物,然后忽然发觉我也一直在抵御任何事情。我也觉得任何事都是未知的、敌对的!任何事!不只是这些或那些,而是所有的事物,不论女人、小孩、动物、抽烟、游玩……任何事!我明白了黑人的雕刻对他们的意义及真正的用途。为什么要刻成那样而不刻成别的形状呢?他们毕竟不是立体主义者,因为立体派还不存在……所有这些神物都是同样的东西:那就是武器。用来帮助人们不再受神灵所左右,得到独立。这些是工具。如果你赋予神灵一个形象,你就有办法摆脱它们。不论神灵或潜意识或情感,它们都是同一件事。 我终于明白我为什么要做个画家了，就在那间博物馆中，四周环绕着满是灰尘的面具、印第安玩偶和神像。

1907 年到 1908 年，毕加索的收获除了一大堆的面具之外，还包括他对塞尚更进一步地了解，与布劳格的友谊以及和罗梭的结识。

1907 年的秋季沙龙举行了一个塞尚作品的回顾展，毕加索对这位伟人更加崇拜。尽管意志坚定、个性坚韧，毕加索的灵魂却还是孤独的，而且常常受到疑惑

阿比南少女

的折磨。当他发现另外还有一个心灵跟他走在同一个方向，抓着同样的疑问而得到相似的答案时，他感受到深深的快慰和力量的源泉。

"他是我唯一的老师……我花了许多年来研究他的作品……塞尚！你可以称他是我们所有这些人的父亲。是他在呵护着我们。"毕加索说。

布劳格当时是野兽派的佼佼者，他和毕加索的友谊起于阿波林纳带他去看《阿比南少女》，乍见之下他完全不能接受它的观念。他和毕加索争论了几个星期，最后还是不以为然地离开。但是塞尚和毕加索的话和例子对他起了作用，布劳格开始做一连串新的试验，在 1907 年末画了他的《大裸体像》，有绝对的立体派倾向，到了 1908 年的夏天，他更朝这个方向跨出了一大步。

1908 年，毕加索买下了第一幅亨利·卢梭的作品。这是一幅

相当大的油画,是一位波兰女教师的肖像。

"我一看到它就被迷住了,"毕加索对人这么说,"我正在马泰尔街上走着,一个旧货商的店门前摆着几大叠的画布,一个头像伸在外面——一个带着严厉表情的女人脸孔……法国式的洞察力,清晰、果断,是一幅好大的油画。我去问价钱。'五个法郎,'商人说,'你可以在上面画画。'"

这时的卢梭64岁,一个胆怯、有灰胡子、极易脸红的人。他是一个自学成材的画家,而在他的一生中,他真正的价值只有极少数人知道。他的画作今天摆在卢浮宫里,而大家都承认他的画意境极高,但在他自己的时代里却只受到偶尔的轻微赞美,以及被大量的嘲笑所掩盖。毕加索深深有感于他的才能,决定要赞扬他——为亨利·卢梭举行一场宴会。

这个决定相当冒险。卢梭像个孩子一样地容易感动,而将被邀请来赴宴的人几乎没有一个真正欣赏他的绘画。其中有许多人把此举视为一种捉弄,赫特露德·史丹说那将是一场"有趣的玩笑"。尤其,毕加索和斐南蒂都完全没有举办宴会的经验。

不论如何,他们还是如期举行了。陶器、玻璃杯、叉子和汤匙都借齐了,毕加索买来的那幅肖像挂在众多的非洲木刻之间,梁柱上挂着中国灯笼,还有彩色的花环,一张长布招,周围都是小旗子,上面写着"向卢梭致敬"。食物是从餐厅叫来的,另外有大量的酒水。客人都邀请好了,阿波林纳、里奥·史丹夫妇、爱丽丝·托克拉丝、布劳格、彼克特和赫曼妮、阿盖罗、雷诺,还有许多其他人,包括一些年轻女士,总数大概有30个人。

宴会刚开始的时候不大顺利。客人们趁晚餐还没好的时候在附近一家酒吧喝开胃酒,结果时间拖得太久,其中一位醉得昏了过去,同时其他的人开始灌年轻美丽的玛丽·劳伦辛,所以在他们到达画室时她跌倒在沙发上的一盘果酱馅饼上,然后浑身都是奶油和果酱地跑去拥抱其他的人。

每个人都及时入了座,在欢呼声中,阿波林纳领着贵宾卢梭到达,卢梭盯着那些灯笼,腼腆的脸上绽出愉快的笑容。他被安排在

坐在一个放在小平台上的宝座里,然后盛宴开始了。几道菜过后,诗歌和演讲也上场了,阿波林纳朗诵了自称是即席之作的诗:

> 你记得阿兹提克的风景,
> 卢梭,那一片芒果和凤梨生长的丛林,
> 猴子敲出了西瓜的血,
> 和那被射死的头发漂亮的国王。
> 我们群集来庆祝你的大名。
> 现在正是饮酒的时候,
> 让我们饮尽这杯毕加索向你致敬的美酒,
> 一齐高呼"卢梭万寿无疆!"

亨利·卢梭的油画《睡眠中的吉普赛女人》

更多的诗,更多的举杯致敬,而卢梭喝得超过了平常的酒量,在灯笼下睡着了,蜡油在他的头上漏了一小片,倒是没烫着他。

宴会继续进行,沙蒙忽然跳上了桌子,发表一篇颂辞,喝干了杯里的酒,然后马上变得狂野起来——他和别人商量好要模仿精神错乱的痉挛发作,用肥皂泡来代替口中的白沫,但是无数的酒精似乎使他失去了控制。接下来的混战当中那些黑人雕刻饱受威胁,不过布劳格把它们护住了,同时毕加索把沙蒙拖走,锁在一个衣帽间里。整个过程中卢梭都在打瞌睡。

然后开始歌唱了,有些歌是玛丽·劳伦辛唱的,有些歌是卢梭唱的。他一边拉着他的小提琴,一会儿却又睡着了,只是偶尔

毕加索

醒来有礼貌而专心地听他的邻座说话，或者静静地告诉他们他在墨西哥的经历。早上三点钟时史丹夫妇离开了，带着卢梭一同搭车回去。毕加索无疑达到了他的目的——卢梭度过了一生中最快乐的时光。毕加索的坦诚让卢梭只看到这宴会好的一面；他觉得他是如此被赞扬，于是写了一封文笔甚美的信告诉毕加索他的美好的感受。

土耳其装束的夫人

　　这一段时间是毕加索社交活动最频繁的时期，除了卡达浪的朋友和画商之外，还有画室里不断的访客。舒金虽然不能接受《阿比南少女》，却仍然常来买他的画，另外也有一些外国的买主，包括德国人、俄国人、匈牙利人还有中国人。毕加索也常常去见他的画家朋友们，在那里，他们渐渐集结成密切的一群人。赫特露德·史丹有一张相片，上面的毕加索看起来很像矮小却出众的拿破仑，旁边跟着四个高大的侍卫：狄伦、阿波林纳、布劳格和沙蒙。

　　这一年的夏天毕加索在乡下度过，而在秋天回到巴黎的时候，他和布劳格发现彼此各自在夏天里所作的作品已归纳到同一条路上了。

　　布劳格所画的风景和静物不再有野兽派的痕迹，相反的，他向1908年秋季沙龙所提供的7幅画作，完全抛弃了他过去习用的无限制的强烈色彩，而成为有严格规范的、"几何形"的，同时压抑了色彩的表现。由于有5幅画被沙龙拒绝，布劳格一怒之下拿回了全部的7幅画。同年的11月，坎韦勒把这些画在他的画廊展出，另外还加上21幅。曾为野兽派命名的艺评家路易斯·瓦克塞里写道：

布劳格是个很勇敢的年轻人……他建立起扭曲的、金属似的、出奇简化的小小图样。他鄙视形状而要简化一切东西——视野、场所、人物、房屋成为几何的图形，立体的方块。

这些文字渐渐流行起来了，尤其是在 1909 年毕加索从欧塔带回更多画作之后，毕加索和布劳格以及其他许多画家，就成为大家公认的立体画派。

首开立体画派之风

手持调色板的自画像

对毕加索来说，立体主义是一种说出他想说的东西的语言，而他觉得这是一种适当的语言。这种语言不比其他的语言好，也不比它们坏，只是与过去的画派截然不同。有人问他在开始这种新形式时所持的目标是什么，他回答说："画画而已，没有别的。一边画，一边寻求一种新的表达方式，抛去无用的写实主义，使用一种仅仅与我的思想有关的方法——不让我自己受到客观及真实所左右。既不是好的，也不是真的；既不是有用的，也不是

毕加索

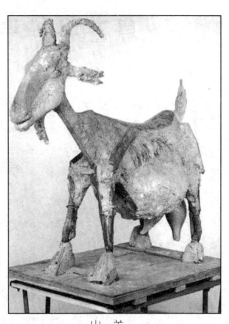

没有用的。我的意念离开一切外在的体制而成形，不管公众或批评家们会怎么说。"

他又说："许多人以为立体主义是一种过渡的艺术，一种为达到隐藏的目标所作的试验。有这种想法的人并不了解它。立体主义不是种子也不是胚胎，而是一种处理形状的艺术，一个形状一旦被察觉出来后，它就拥有了自己的生命。一块矿物，它所具有的几何形状，并不是为了某种过渡的目的而生成的，它会一直保持本色，而拥有它自己的形状。但是如果我们可以把它加诸艺术之上的话，就得承认立体主义也是一种过渡的艺术，不过我确定它唯一会演变出来的就是另一种形式的立体主义。"

"美"这个字，跟"爱"这个字一样，被人争论得太多，以至于现在已无法赋予任何定义。不过它还是有意义的，而毕加索对美有强烈的感受力，这种感受力扩大到涵盖了许多一般人在感受上所排斥的东西。对他来说，美是不能划分等级的，当他提议把狗的大便粘在画布上，然后在周围加框时，他也许不完全是在开玩笑。

这种对美的感受和对物体本身的注意，在小孩子中是很普遍的。大多人都记得

山 羊

自己曾望着沙滩上的小石、水坑上的油彩而出神，但多数人的这种视野在成长的过程中都缩小了，甚至消失了。社会、道德和审美的观念把他们磨成了相同规格的产物。但这件事没有发生在毕加索的身上，这是由于他的天性以及远远超出公众的境界。他

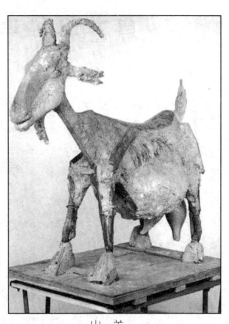

毕加索
Bijiasuo

没有放弃自己的理念,这种美感在他的内心里反而越来越强烈。他常会去说服那些还能接受说服的人们,告诉他们在他们所知之外还有其他的价值存在。例如,像他与雕塑家朱利奥·冈萨雷斯一起制作的雕塑作品《山羊》,违背了一切既存的、学院派的美感准则,却能让无数的观赏者享受到那只动物的精髓。

刚开始的时候,某种程度的不解当然是存在的,因为毕加索的画并不是对一些既存的人体、房屋或树木的模拟,而是为了物体本身而做的一种创造—— 一种本身即具有价值,而其与物体间的相关亦具有价值的叙述。在这观念的再现中,原先的出发点——"真实",一直都没有消失(事实上还显现出更多新的层面),但毕加索用的却是另一种让人难以读懂的语言。也就是说,让他同时代的那些人去理解是困难的。即使到了今天,毕加索的语言对于那些想把它翻译成另一种语言,想用文字来表达它的人来说,还是困难的。

戈梅士用一段艺评家和哲人之间的对话来比喻这种情形——

艺评家:凭良心说这些画并不使我反感,但是既然我不了解它们,我就没有办法喜欢它们。

哲人:你今天午饭吃了什么?

艺评家:牡蛎。

哲人:你喜欢牡蛎吗?

艺评家:极喜欢。

哲人:你了解牡蛎吗?

一个比较开放、较少桎梏的心灵,是不需要绕这个大弯子就能直接抓到要点的。毕加索为渥拉德作的立体派画像是那位画商的朋友们取笑的一大对象——"它所象征的是什么呢?哪一边是上面呀?"但有个小孩子,话还说得不太清楚,一看到那幅画就说:"那是渥鸦(拉)德先生。"

1909年的初夏,毕加索和斐南蒂南下到巴塞罗那,在那儿与

毕加索
Bjjiasuo

家人共度了一些时日,并且再次见到他的所有朋友,尤其是派亚瑞斯。派亚瑞斯马上写信给叔叔,请他替毕加索和斐南蒂安排在欧塔的假期。毕加索为派亚瑞斯画了一幅精彩的肖像,派亚瑞斯则送给毕加索一幅欧塔的圣塔巴巴拉山风景作为回报。

不久之后,毕加索就到了圣塔巴巴拉山,并且把那儿的风景收入了他的立体派画作中。这些作品显现了他一向想要达到的目标。他现在已经完全解决了他的疑问。"黑人期"的试探,前一年的"塞尚

渥拉德画像

式"立体主义,甚至不久之前才替派亚瑞斯作的肖像,都被抛到一边去了。他终于看清了自己的发展路线,这条路线由《阿比南少女》一直走到完整的分析立体主义。受到这个激励,加上他周遭环绕着的乡野、热情,他所喜爱的气味以及置身在老朋友之中的快乐,使他用比平日更旺盛的精力工作着。

毕加索先从风景开始:圣塔巴巴拉的锥形山峰、小镇的四方浏览,还有一个大贮水池。用色大多是淡赭、银灰和加塔洛尼亚式的茶色。而那本身已经相当立体的小镇,只需要略作简化就可与毕加索的观念完全吻合。但在他更狂放的视野中,那些看似整块的岩石都被分析、解离成几何形的许多平面,大都是菱形的,并且被重新组合,这些倾斜的平面有时互有重叠,有时有明显的界线。在某些情况下,这种几何的处理延伸到了天空,那闪着微光的晶状小面整合成了一幅严格的画面,其深度与传统的透视画法完全没有关联。

在头像方面,这种分析更是显著。一幅斐南蒂的画像中,她

的脸孔被打成许多弯曲的平面,而她的额头以及背景中的盆花则呈严格的角面。另外一幅画中则是由直线条构成的,而在后来回到巴黎后立即着手铸造的一座铜像上,两者互相结合成为毕加索所创作过的最杰出的雕像,也就是说,二次元的平面和三次元的形体间的结合,在此达到了当时的极限。

1909年渥拉德为毕加索举行了一次画展。出乎所有批评家所料,立体主义有了更多的观众。毕加索身为当代最重要画家之一的声名已远播到了巴黎和巴塞罗那以外的地方,越来越多的外国崇拜者拥到他的画室拜访,慕尼黑的山好瑟画廊也举行了一次他的作品展。

外国访客也常到史丹夫妇家去结识他,因为那是他常去的少数几个地方之一。秋天,他一回到巴黎,赫特露德就热切地买了他在欧塔的

吉他手

三幅画作,挂在锦簇路数量惊人的收藏品当中。毕加索到史丹家并不是出于利益的动机,相反,他去那儿是因为他喜欢他们,尤其是赫特露德。毕加索的画作要么就是以极低的价格卖给她,要么就是纯粹出于喜爱而赠送给她,像她的一些美丽的肖像就是。但是,赫特露德有时并不明白他在画些什么。毕加索对此曾笑着说"赫特露德·史丹有一天高兴地向我宣称她终于明白了我那幅《三个乐师》到底是什么。它是一幅静物!"

马蒂斯和毕加索常在史丹家见面。他们近来发生一些摩擦,但彼此仍相当敬重,毕加索有时会对马蒂斯发出一些冷酷的嘲弄,但绝不允许别的人批评他。克里斯帝·哲佛斯有这样的一段

毕加索
Bijiasuo

三个乐师

记述：

　　一天下午，我们有一群人聚在一起，其中有马蒂斯和毕加索。马蒂斯离开了一会儿，有些人问起他近来的进展如何，毕加索说马蒂斯想必一屁股坐到了自己的桂冠上了。在场的大多数人认为自己可以讨好毕加索，就开始攻击马蒂斯。然后毕加索变得非常愤怒，并且大叫："我不准你们说马蒂斯的坏话，他是我们最伟大的画家。"

　　1909年毕加索离开了"洗衣船"的小房间，搬到了附近的克里奇大道的寓所。新的住所里面有一间画室、一间真正的卧室、一个饭厅，甚至还有一间佣人房，后来还真的雇了一个女佣。毕加索把在"洗衣船"的所有画作及一些家当，包括三只猫、庞大得像件家具的母狗"飞卡"以及一只小猩猩，全数运往新居。

　　新居中女佣的工作想必很轻松。毕加索和斐南蒂早上要睡到十一二点，不久女佣也照着这样做了。那间画室从来都不清扫，而烹饪也简单得可怜。毕加索正忙着把立体主义往前推得更远，精神的压力影响到他的消化。他除了蔬菜、鱼、米制布丁和葡萄外，什么也不能吃，甚至连酒也戒了。斐南蒂根本没有去注意他内在的紧张，就像她从来不知道他画过《阿比南少女》一样。

毕加索吃得很少，只喝矿泉水，但对搜集东西的新兴趣却没有消减。刚开始时他只买一些有用的东西，比方像一张大铜床，但现在纯为乐趣而买的东西大量拥入了住所：好多张被蛾蛀过的绣帷；一大张铺设有紫色天鹅绒、上面散布着鲜黄纽扣的19世纪沙发；一架没人会弹奏的踏板风琴，踏下去的时候会有一股香味跑出来；吉他、曼陀林、箱子、柜子和数不清的非洲雕刻。这些东西很快就进入他的画室，形成过度地拥挤和贫民窟似的景象——这却是让他最感悦目的景象。

葡萄与小提琴

最常到这间画室来找毕加索的是布劳格，他们的气质全无相似之处，但一同工作起来却是无比和谐。在他们的手里，立体主义变得越来越"分析"了，但它却绝未抛弃自然，原先的物体总是存在的，只不过有时它的几个面可以同时看到而已，它们以画家所知道的方式存在着，具有一种超乎乍看之下印象的真实性。

1910年的夏天，毕加索再度和斐南蒂到西班牙去旅行。这一次他们是到卡达奎斯，一个卡达浪的渔村。那是一个美丽的小地方，彼克特的家就在那儿。毕加索、斐南蒂、庞大的"飞卡"，还有彼克特的妹妹玛丽亚和她的一些朋友结伴一同旅行，后来狄伦夫妇也加入到他们中间。他们并不住在彼克特家，但常常会去待上一阵子，那里舒适、拥挤，座上都是画家、诗人和音乐家。毕加索在卡达奎斯用心地作画，不过也花了不少时间享受阳光、海水浴、划船和垂钓的乐趣。

秋天的时候毕加索就赶回巴黎，为的是观看秋季沙龙的展览——他喜欢人群、无数的朋友和相识、闲言闲语和偶发的新灵感。布劳格也由艾斯塔克的假期返回巴黎，他带回的画作与毕加索从卡达奎斯带回的作品大致是走同一路线的。

★★★知识链接★★★

立体主义

立体主义开始于1906年，由乔治·布劳格与毕加索所创立，当时他们居住在法国巴黎的蒙马特区。

立体主义画家的探索起源于塞尚的理论和创作实践，他们把塞尚的"要用圆柱体、圆球体、圆锥体来表现自然"这句话当作自己艺术追求的理想。实质上这是20世纪初工业文明、机器时代的社会现实在画家精神中的折射反映。

立体主义绘画方法的产生，经历了一个酝酿过程。20世纪初巴黎画坛异常活跃。继后印象主义、象征主义之后，年轻的艺术家们普遍关注的是如何革新形式，来表现在迅猛变革的工业社会里人们的内在情绪和心理。新的流派在法国、德国、意大利和俄国相继出现。在法国，继野兽主义崛起后，另一群文艺家常在蒙马特的"洗衣船"聚会。参加的有毕加索、布劳格、洛朗森、阿波利奈尔等。支持他们的有画

商卡恩韦勒，他在1907年在巴黎开办了画廊，这便是人们口中所说的立体主义社团。

从1912年开始，毕加索等又进行综合的立体主义的试验。在分析的立体主义破碎而又剔透的结构中，还保留着强烈的光线和某种空间感。画家们将不同状态及不同视点所观察到的对象，集中地表现于单一的平面上，造成一个总体经验的效果。综合的立体主义不再从解剖、分析一定的对象着手，而是利用多种不同素材的组合去创造一个新的母题，并且采用实物拼贴的手法，试图使艺术家接近生活中平凡的真实。

静 物

1911年内许多画家都成了立体派，独立沙龙在夏天特别展出了一整屋子的立体派作品，使得批评家们十分愤怒。而在1911年到1921年这一段期间，毕加索和布劳格的画作和雕刻朝向更高的立体主义前进。暗褐色和淡赭色是他们最常用的，他们还在人体和乐器的题材之外，加上了一些微不足道的小东西，像烟斗、酒杯、罐子、瓶子等等。另外在1908年一直到1922年之间，他们的画作要不然就不签名,要不然就签在黑色上面,部分是为了避免干扰到画面上紧张的韵律,部分则为了不想个人化。他们的艺术主要是处理一些形状,像毕加索所说的,那些形状本身存在且具有韵律,而不是与外在相连属的形状,其所造成的一种语言,不得其门的人是没办法理解的。因而当1911年阿佛莱·史提克里兹首次把毕加索的作品介绍给美国人时,一幅裸体人像,高度分析的困难作品,被观众认作是一座防火梯。

1911年的夏季,毕加索是在塞瑞特度过的。马诺洛现在已是一位成名的雕刻家,从1908年开始就和妻子隐居在此处。他从来都没有稀罕过立体主义,不过这一点也不影响毕加索对他的友情。5月中旬的时候毕加索就动身前往了,不过这次斐南蒂没有跟着一起去,她要随后赶到。毕加索与布劳格和其他一些巴黎及巴塞罗那的朋友们一同出发了。

塞瑞特在政治上属于法国,在此之前属于西班牙,但骨子里却一直是地地道道的卡达浪,毕加索和马诺洛在此都觉得自在无比。他们周围都是熟悉的语言。斗牛场是当地的特色,假日里人们都跳着"沙达那"——毕加索唯一喜欢的一种舞蹈。

在这个多彩多姿的夏天里,最为人们熟知的一幅作品就是反映着这种舞蹈,这幅作品被人称作《吹笛者》。另一幅有名的作品是《手风琴师》,一张充满了亮丽小平面的大幅油画。这是毕加索所作的最后一幅分析作品,画着一个男人坐在椅子上,他的

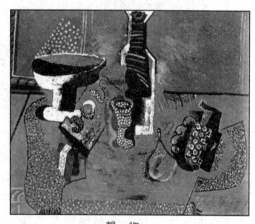

静 物

手风琴向下拉开成许多个角。那时候的毕加索和布劳格都觉得

他们立体主义的封闭特性,对其他一般人来说,会削弱了原物体和画出来的图画之间的重要张力,为了要达到最大的张力效果,一些起码透露起始点的暗示是必要的。因此他们开始在画中散布一些"写实的"线索,像毕加索在一些瓶子的画作上出现的大印刷字母就是一些线索。

到了1911年的8月,斐南蒂尚未离开巴黎,毕加索写信去催,她终于出现了,并带来最近艺术界的消息:秋季沙龙正为立体派画家腾出一个房间,许多人的作品都将在那里展出。斐南蒂只不过在炎热的气候下休息了几天,就又打包好行李搭上火车,他们在9月初回到了巴黎。

显然,立体主义的时代已经来临了。

连绵不断的爱情

有些画家把太阳画成一个黄斑，但有些画家则借助于他们的技巧和智慧把黄斑画成太阳。

艺术并不是真理。艺术是谎言，然而这种谎言能教育我们去认识真理。

——毕加索

一段新的情缘

毕加索一回到巴黎,就卷进一桩法律案件的麻烦:阿波林纳被怀疑与卢浮宫的一件盗窃案有关,而毕加索也受到了牵连。1912年初的时候警方撤销了控诉,但毕加索一辈子都害怕与法律扯上关系,还是疑神疑鬼了好一阵子。而在这一年的稍后,他和斐南蒂·奥莉维亚多年来的关系也告一段落。

毕加索这段时间常去一家叫做"村舍"的酒馆,那里也是一些未来派的艺术家常去的地方。毕加索知道他们的观念跟自己的不同:未来派的画家主张一种动态而非静态的艺术,对他们来说一匹在跑的马有二十只腿而不是四只,并且这些腿的动作是呈三角形的;他们还企图表现心情甚至声音。这些都没有使毕加索困扰,他一向赞成人们以自己认为合适的方法作画。未来派的艺术家们对立体主义很不亲切,他们指控立体主义是学院派、"开倒车",而且属于中产阶级。不过事实上如果没有毕加索和布劳格,未来派根本不可能存在。

大批的未来派艺术家在1912年拥到巴黎。他们常常到"村舍"去,左脚和右脚穿着不同颜色的袜子。其中有一位年轻、招人喜欢的、聪明的阿巴杜·欧派,请求一个老巴黎塞佛里尼为他介绍毕加索。塞佛里尼带他到"村舍"去,在那儿毕加索正和斐南蒂以及他的同伴马寇西斯及玛茜黎·韩伯特夫妇一同消磨夜晚,斐南蒂和玛茜黎是好朋友。

塞佛里尼说,"斐南蒂不是一个很正经的女人。她爱上了欧派。"有人说是毕加索先爱上了玛茜黎,所以斐南蒂才故意跟欧派跑掉,想借此引起毕加索的嫉妒。显然她是算错了,毕加索反而如释重负,马上带着玛茜黎离开巴黎,到阿比南去了。马寇西斯当然十分惊讶、困惑和不快,但他既没有宰了毕加索,也没有放弃立体主义;他表现的最大愤慨只是画了一幅图,画面上毕加索背着铁链,而自由的马寇西斯快乐地雀跃着,好像是刚摆脱了一个讨厌的伴侣。

玛茜黎个子娇小,温柔而有礼貌,端庄而有自信,跟斐南蒂完全相反。毕加索深深地爱着她,常常亲昵地称她"伊娃",并在许多作品上用"我的爱"作为她的别名。他们从阿比南到塞瑞特去,那儿的春天很美,但彼克特夫妇也来了,还带着斐南蒂。两个女人之间发生了激烈地争吵,而彼克特站在斐南蒂那边。5月份结束以前,毕加索和玛茜黎就溜走了,先回到阿比南,然后到一个小城,在那儿找了一个小房间安顿下来开始工作。

毕加索的工作量一向惊人,目前他受到新的快乐的刺激,工作得更努力了。7月时布劳格也来了,并且刚刚结婚。毕加索和布劳格都很快乐,他们在1912年的长夏中都画出了一些他们最好的作品,而他们两人又开始迈向了现代艺术一个崭新的方向。

从分析主义到合成立体主义之间的演进并非一蹴而就的,但其变化却很明显,一方面作品的可理解性增加了;另一方面色彩又出现了,同时用了许多的拼贴法,把沙子、锯沫和金属沫混入颜料中,另外还用纸张跟糨糊、碎木、假大理石,造成模拟的"真实"。这种过程是集合而非拆散,给他们后来的作品更大的发明性与自发性。此外,这些作品显得更快乐一些,许多像是漫不经心做成的,毕加索和布劳格在画它们时一定是很快乐的。

他们在9月回到了巴黎,此时毕加索的名声正快速增长着,在巴黎、德国和俄国的一些小而具有影响力的圈子里享有美名,但是在这些圈子之外则是声名狼藉。1912年的独立沙龙大幅展出了许多立体派画家的作品,巴黎一些比较年长的人抗议说这些东西"令人作呕"、"不能忍受";至于未来派的艺术家,则批评这些作品"老旧"、"陈腐"。

毕加索并没有在这些沙龙中展出,但却被视为立体主义的领军人物,被要求在伦敦的葛拉福顿画廊举行的"印象派以后"展览中提供一些作品。

这次展览的反应很坏。"墙上挂满了作品……像小孩子的粗糙尝试,色彩做作而不协调,无形无状,而且没有风格。"一位批评家说:"可惜这些有才能的人们把生命浪费在糟蹋许多画布上,而不去从事他们比较适合的敲石子的工作。"

毕加索对这一切并不感到沮丧,因为人们显然只会对有价值的东西产生这样强烈的反感与讶异,任何一种绘画若是平淡无奇的话,它所受到的将只不过是漠视而已。

马戏演员

1913 年的春天,毕加索和玛茜黎以及麦克斯·杰克卜到塞瑞特去,住在一幢曾是修道院的 18 世纪的大房子底层。房子外有一大片花园和许多树木,花园内还有一条小溪,水里满是青蛙,树上还有夜莺鸣唱着,麦克斯·杰克卜禁不住在其间顾影自怜起来。毕加索不是一个会为夜莺的歌声感伤的人,他不断地努力工作——虽然父亲荷塞的死讯在这时传到了塞瑞特。塞瑞特距巴塞罗那只有一百英里,毕加索现在极有钱,但他却没有回去奔父亲的丧,在目前所有的文献中也找不出任何他不去奔丧的理由。

企图从毕加索的画作中找出毕加索心境的象征是没有根据的,但在荷塞死的同时,在毕加索画作题材中消失多年的小丑又出现了,而小丑一直是毕加索某种寂寞心境的证据。从"玫瑰时期"以后,小丑并未完全消失。1909年有一幅悲伤的立体派小丑,用手支撑着头,但在这一幅以后一直到1913年的这次假期间,则没有再出现过这一主题。这次所画的是一系列此种作品中比较重要的一幅,它不是很容易理解的一幅画:高度的立体主义、严格的规范、用色则以暗黄和灰色为主,是较近于分析而非合成的画作,但还是看得出就是那个老丑角——毕加索一生的"伴侣"。

毕加索和玛茜黎照旧回到巴黎,参观秋季沙龙。在巴黎,毕加索画了两幅特别重要的作品,第一幅是《扑克牌戏》,可视作是他近来画风的归纳。另一幅则更为重要,显示了色彩的再度涌现,并且暗示了立体主义的极限之外尚有一个奇妙的世界。这幅作品就是安乐椅上《穿衬衣的女人》。

在画完《穿衬衣的女人》之后,毕加索又回到他立体派的主流,还有他的构建创作。他此时的观点似乎又改变了,剪贴式的物体更趋向于雕刻的性质,好像这些材料不再只是为了更加立体而浮凸出来,却是为了它们的本身而有所创作。事

穿衬衣的女人

实上,那件几乎是平面的《小提琴》开始的一系列作品,乃至于那件《苦艾酒杯》,已经成了不折不扣的雕刻。

1914年的开始对毕加索来说是十分快乐的,这种快乐变成了色彩出现在他的画中。一夕之间立体主义的严肃性被大量的艳丽斑点所倾盖了:柔和的曲线回来了,而仅剩的直线形上也着了鲜亮的色彩,此外一种悦目的绿色,过去很少出现在毕加索的画中,现在也跑了出来。整个斑驳的画面好像在跳着舞。

很多事情使毕加索快乐:麦克斯·杰克卜著作、以他的蚀刻为插图的一本书出版后获得了好评;阿波林纳的评论杂志办得有声有色;卢浮宫窃案的真正嫌犯,一个意大利人被抓到了,毕加索再也不必担惊受怕。此外,他在1908年以1000法郎卖给一个收藏家俱乐部的《卖艺世家》,在3月举行拍卖,价码不断升高,最后居然以匪夷所思的11 500法郎成交。

卖艺世家

1914年的夏天,毕加索和玛茜黎是和布劳格夫妇、狄伦夫妇等在阿比南度过的,这真是个金色的夏日。

即使像毕加索这样非政治性的人物,在那年的夏天过去时必然也听到了隆隆的枪炮声。一个悲惨而无理性的毁灭过程正在世界上展开,而他的朋友们必须离开去加入武装部队。

"我送布劳格和狄伦到阿比南的车站去。"毕加索说,"我以后恐怕再也难见到他们了。"这可能是他所说过的最悲伤的两句话。

未来派

　　未来派，是由意大利诗人菲利波·托马索·马里奈缔作为一个运动而提出和组织的。他在 1909 年整个一年中，向全世界发表了一个宣言，这个宣言以浮夸的文辞宣告过去艺术（过去派）的终点和未来艺术（未来派）的诞生。他聚集了一群诗人和画家在他周围，其中波丘尼写了一篇《未来派画家的宣言》，于 1910 年 2 月 11 日发表，并于 3 月 3 日向都灵的查雷拉戏院的广大观众公开宣布。同年 4 月 11 日发表未来派《绘画技巧宣言》。随后又接二连三地出现一些论证和宣言。1912 年，这个集团于巴黎举办了他们的作品展览会（随后移至伦敦和柏林展出）。1914 年，波丘尼出版了一本书，将他们的观点作最后一次说明——形式上和事实上都是最后一次，因为同年爆发的世界大战，使这个集团解散了。波丘尼，这个运动的推动者，在 1916 年逐渐恢复伤势时却意外地被杀害了。因此这个集团没有再组织起来。

芭蕾舞与爱情

1914 年 9 月最初的几天，德国的军队通过中立的比利时，来到距巴黎心脏不到 20 英里的马奈，法国政府流亡到了波尔多，但全国的抵抗精神却达到了最高潮。德军被阻挡住了，法国也付出了无数生命的代价。这个危难使整个法国团结成一个整体，在高涨而一致的爱国情绪中，昔日的派别分歧都消失了。居住在法国的外国人，除非他们是法国的盟友，在此时都失去了重要性。他们不是法国人，他们不算。

毕加索熟悉的世界在战争开始后几个礼拜就整个消失了。他的法国同辈全都不见了，他的广泛交友现在只剩下极少的几个——其他的外国人、老人以及无用的人。冬天来临时他的作品数量惊人地减少，而且都变得十分严肃，其中有一幅画的是一个高瘦而憔悴的小丑。

毕加索偶尔还可以看到马蒂斯，他正想尽办法要加入军队，虽然他已经45岁了。另外麦克斯·杰克卜因为身体羸弱而且视力太差而被军队拒绝，

小　丑

其他还留下来的相识，都是中立的外国侨民。

史丹夫妇已经搬到意大利去了，不过赫特露德在1914年的秋天间到了巴黎，整理锦簇路剩下的少量收藏。毕加索和玛茜黎常到那儿与她共进晚餐，当时玛茜黎的身体状况很差。1915年春天赫特露德也决定离开了，为的是想"把战争忘掉一些"。从此，毕加索能一起进餐的相识更少了。

阿波林纳在军中休假的时候偶尔会来看毕加索，布劳格、狄伦以及其他许多人也是。毕加索常会收到信件，有些里面还附了纪念品，但这些信和东西好像是从另一个星球寄来似的，毕加索所知道的世界中唯一还保持不变的，可能只有麦克斯·杰克卜了。毕加索对这位朋友的友情越来越深厚，虽然他自己对宗教从来不屑一顾，而杰克卜近来对宗教十分着迷。1915年初的时候杰

克卜受洗了,而毕加索做了他的教父。

过了一阵子,毕加索忽然把他的立体画作暂停了一会儿。他为他的教子画了一幅铅笔素描,杰克卜坐在椅上,穿着一件高领毛衣、一件背心和一件夹克,头秃得像鸡蛋一样,表情看来深沉而善良—— 一件纯然写实的作品,荷塞若是见到的话一定会赞叹不已。其后,毕加索又为渥拉德和别的人画了更多的素描。他此时的画风突然转向类似在学生时代的风格,这一点使他的许多朋友们都大惑不解。

布劳格在阿拉斯附近的战斗中头部受到重伤,这是 1915 年 5 月间的事,不过消息过了好一阵子才传到巴黎。秋天的时候玛茜黎病得很重了,11 月左右毕加索每天一半的时间都花费在往返她所住的医院。不过他还是努力地工作着,他画了一幅小丑,可能是他最好的一幅;另外他画了一幅在他来说极罕见的宗教画——《耶稣受难图》。

耶稣受难图

肺结核在当时是个几乎不会失误的杀手,尤其是在食物和燃料都很难得到供应的时候。冬天里,玛茜黎死了,只有七八个朋友跟毕加索一同到墓地去参加葬礼,跟毕加索广泛的交往比较起来,这个数目的确少得可怜。1916年1月,毕加索写信给楮特露德·史丹:"我可怜的伊娃死了……极大的悲伤……她一直都对我那么好。"

他那一阵子感受到强烈的孤独,他虽然寻求其他艺术家陪伴,却又跟他们保持着距离。他常在傍晚时刻到酒店去,不说不笑地坐在为常客保留的房间里,用他黑色的眼睛盯着来来往往的客人,他对他周围的谈话毫无兴趣。

1916年时,第一阵的团结热潮已经消退,但爱国的热度仍然存在,不过许多市民已经安顿下来准备过新的生活了,因此巴黎热闹了起来,餐馆和剧院都挤满了人,大批的金钱在市面流通。对画商和某些画家来说,这真是太好了,黑暗时期已经过去了。

从西方前线的炼狱归来的军人对此却有不同的看法。他们喜欢这光明与欢乐,却又为市民这种"照常营业"的态度感到惊愕。只隔着短短一天的路程,两个世界却是这样地迥异。阿波林纳困惑地说:"绘画和雕刻的活动如此狂热——当然也有立体派……他们可以卖掉任何东西,而且价钱高得荒谬。"

在这一年里,毕加索结识了作曲家艾瑞克·沙提以及诗人金·柯克多。沙提当时是50岁,可能是那一时代最前进的一位作曲家;柯克多则只有27岁,颇负盛名,趾高气扬,没有太多人喜欢他。

柯克多对别人的天才极具鉴赏力,想尽方法试图说服毕加索和沙提与他自己合作一出芭蕾舞剧。柯克多对芭蕾舞很在行,当俄国芭蕾舞团首次在巴黎演出时,他就与狄阿格西里夫有所接触。对立体派的画家而言,要毕加索去为芭蕾舞画布景、设计服装,简直是一种亵渎。麦克斯·杰克卜也不喜欢这个主意,在柯克多千方百计游说毕加索的同时,杰克卜忘了基督徒应有的慈悲,写信给朋友说:"上帝恨死柯克多了。"

不过柯克多还是成功了。1917年的2月间,俄国芭蕾舞团正在罗马表演,因此毕加索和柯克多匆匆赶往意大利。在离开法国之前,毕加索先为他的舞台设计和道具做好了模型,这出芭蕾剧的名称叫做"展览"。在柯克多的原始构想里,是关于一个中国术士、一些卖艺人，还有一个美国女孩在一家音乐厅表演的事情。毕加索从来没有看过芭蕾，但却见过上百的音乐厅和马戏团，因此他很有信心而且热心地制造他的模型，主要是凭借着他长期以来在构建艺术上的训练。

他们在意大利找到了狄阿格西里夫那一伙人以及担任舞蹈设计的马西奈。毕加索以双倍的精力开始工作，如果这是一出古典芭蕾的话，他一定会比较省力，不过"展览"的主要目标却是针对古典芭蕾的改

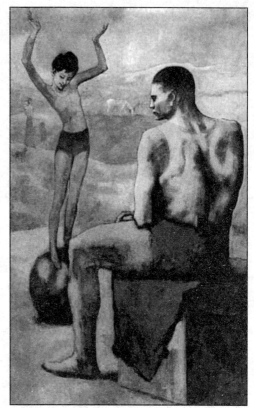

站在球上的少女

革。原先剧中只安排了 4 个角色：术士、两个卖艺人、女孩；但是毕加索坚持加上另外 3 个：两个团里的经理，一个是法国人、一个是美国人，还有一匹马。这些角色在他对这出芭蕾的观念中是极重要的；那两个经理要找高个子的人来扮演，带有一些他所构筑的艺术特色，他们将在舞台上蹒跚地横冲直撞，透过传声筒大吼大叫，比真实的情形更逼真，而且使一般的演员看来就像侏儒一样。毕加索在道具、服装和布幕的传统性上加入了立体派的观念。

这两个巨人身后的背景倒是颇为传统的，那是一个单色的房子。至于舞者的服装，两个卖艺人是蓝色与白色，有星星和长条的花样；而术士则是令人讶异的亮橘色与黄色、黑色和白色，而且有着不对称的曲线及螺旋纹。至于布幕，则是巨大的一块布，足

足有 1 500 平方英尺，右边画着闲散的一批艺人，包括一个小丑，分别坐在桌上的箱子和架子上，而其中的一名，一个传统的西班牙人，正弹着吉他。左边一匹长着翅膀的母马正温柔地哺育着小马，而一个有翅膀的女孩站在它的背上，正伸手去抓一只长梯上的猴子。在前方，一个卖艺人的球，一只睡着的狗，一个鼓，其他的马戏团杂物分别散置着。整个画面上占最多的是红色跟绿色，显现出一种淡淡的欢乐。

毕加索在罗马繁忙的工作之下，居然还有时间跟舞者们在月光下散步，其中他最欣赏的一位叫作奥佳·柯可洛娃，他深深地被她吸引住了。

过了 1 个月，毕加索回到了巴黎。还有许多工作尚未完成，尤其是音乐的部分。柯克多想在音乐中加入许多噪音：打字机、火车、炸药、空袭警报、飞机，纯属立体派的噪音。沙提则想放弃整件事情。5 月到了，芭蕾舞团来到了巴黎，毕加索以全新的热情欢迎奥佳·柯可洛娃。

坐在安乐椅上的奥佳

首演的晚上毕加索坐在狄阿格西里夫的包厢，与蜜西亚·瑟特一道——狄阿格西里夫穿着燕尾服，蜜西亚戴满了钻石，而毕加索穿着一件红色圆领汗衫。狄阿格西里夫送了大量的票给法国境内的俄国士兵，也许是出于对同胞的亲切，也许是为了增加喝彩声。

开始时一切都好。观众很喜欢那张布幕，也很喜欢沙提作的序曲。但是两个巨人经理的出现使他们十分震惊：法国经理先出场，用一根大木棒打着地板，一边介绍那中国术士；同时音乐改变了，原先计划的警报、炸药、火车等声音由于气压系统失灵而无法发出，因而改用双倍强的打字机声音来弥补。这种声音像机枪一样刺耳，虽然术士的舞蹈十分精彩，但观众已经开始表现出敌意。然后，美国经理出场了，他使人们更为震惊，一个混合了牛仔皮靴、摩天大楼、金属管子和一顶高帽的立体派人物。他跳着重步舞，使身上的每一片金属都铿锵作响，同时透过传声筒大吼着赞美那美国女孩儿的话。观众的敌意更深了，虽然俄国士兵都在喝彩，但是那些付钱来看芭蕾的中产阶级人士，看到配上打字机声音的活动立体主义不禁大怒起来，怒吼声越来越响亮。

小　丑

接下来出场的美国女孩儿和卖艺人都未能使情况有所改善；台上的两个经理互相大吼着，而台下的吼声比台上更大。"展览"的本身实在不算有什么剧情，只不过是叙述一群表演者在一些假想的旁观者面前展示、说服他们进入假想的剧院而已。但是努力白费了，因为假想中的群众以为展览就是表演的本身，所以纷纷离去，致使过度热心的经理因为体力衰竭而崩溃了。这出剧的内容虽然如此简单，却很少有观众能从头欣赏到尾，因为在快结束的时候整间剧院都充满了叫骂声和嘘声，甚至有人大叫"下流的德国货"。因为根据一般的想法，他们所不喜欢的东西一定是德国的。

法国观众的情绪变得狂怒起来，要不是阿波林纳出来解围的话，毕加索、柯克多和沙提的下场可能不堪设想。阿波林纳头上绑着绷带（他最近在战场上受了伤），身上穿着军服，上面挂着勋章，漂亮地挺身而出，情绪激动地斥责那群暴民，并且使他们相信"展览"不是德国人的作品。

毕加索对整个事件并不感到懊恼，他早就习惯了别人的詈骂。俄国芭蕾舞团接下来要到南美去，在此之前还要先在马德里和巴塞罗那表演几场，毕加索也跟着去了。他在家乡受到英雄式的欢迎，他的朋友和崇拜者还为他举办了一个特别宴会。巴塞罗那的生活令毕加索

奥 佳

十分愉快，奥佳的伴陪也是一个令他愉快的主要因素，在这期间他为奥佳画了一些肖像。

1917年的冬天，巴黎的战事更加吃紧，因为在本年3月时俄国沙皇被推翻了，现在的布尔什维克政府决定把俄国撤离战争，

因而使得更多的德国军队无所顾忌地进入西方前线。

奥佳的俄国皇家护照此时当然有问题。毕加索的一位朋友曼纽·韩伯特正要返回巴黎,所以毕加索就把他拉到一旁,解释这个困难给他听,请他去找柯克多。柯克多虽然只是一个年轻的诗人,却着实认识不少有地位的朋友,而在那个年代的巴黎,有地位的人可以制造任何奇迹。奥佳的困难很快解决了,她现在可以到任何她想去的地方。

她目前可以有两种选择:南美或是巴黎。到法国意味着婚姻、保护、一个国籍,而且生活可能很有保障,甚至可能会富有;南美则意味着漂泊不定,继续一个不太可能更上一层楼的事业,而且不能结婚。她选择了法国,于是毕加索立即搭上了驶往巴黎的快车,身旁带着这位伴侣。

★★★★★ 资料链接 ★★★★★

俄罗斯芭蕾舞团

芭蕾舞的历史已有好几世纪,起起落落的舞团不知道有多少,而其中也不乏成就非凡、历史悠久的组织。然而,狄阿格西里夫在1909年创立的俄罗斯芭蕾舞团却是唯一在现代艺术史上,具有不凡影响力的舞蹈团体。且这个舞蹈团体与当时的音乐与绘画领域有着密切的关系,是天时、地利、人和的充分配合。

19世纪末,艺术主流——音乐、文学、绘画的浪漫主义已发展完备,许多艺术家一方面感到这种风格无以为继,另一方面也觉得再也不能忍受时时把全部情感表露无遗的做法。遂有诸多流派相互竞技,希望能够起而取代浪漫派路线。艺术界一时蓬勃激荡,而巴黎尤其是人才济济。俄罗斯芭蕾舞团在这样的环境下,也能够结合各方才华,制作探索性的实验舞剧,不但为芭蕾舞拓展了视野,其美术设计和配乐的创作,也提供了其他艺术一展身手的机会。

新尝试与新体验

1918 年的 8 月,阿波林纳、柯克多和麦克斯·杰克卜参加了毕加索和奥佳的婚礼。他们的蜜月是在比阿利兹的爱拉苏里夫人的漂亮别墅里度过的,这个地方离西班牙只有 20 英里,尽可能地远离战争。由他的画作判断,毕加索这时过得相当快乐。

他在此时的一些作品相当引人注目,不只是因为它们本身的性质,更是因为它们显示出他又超脱到另一种表现方式:其中一幅作品中至少有 12 个人——沙滩上面的年轻女人都是用线条画出的轮廓,有一种线形的单纯美。同时他还画了海边的另一群女人,这些穿着泳装的女人,用的是完全不同的手法,沙滩上散布着一些出奇引人的石块,它们成为超写实主义画家们频繁使用的材

吉他

料。在这一年里他还完成了自 1914 年就开始着手的《穿紧身衣的女人》,此外还画了一幅严格的立体派画作《吉他》,油彩里混进了

不少沙子。而这些只不过是他这段时期画作的很小一部分而已。

　　比阿利兹并不在地中海边，但还是十分暖和，而大西洋的潮汐每天把沙滩冲刷两次，在沙滩上留下美妙的纹理。毕加索的日子过得悠然自得，爱拉苏里夫人有大批的朋友和相识，毕加索为其中不少人画了像，这些人的情绪比过去三年来的任何游客都活跃，因为战局开始好转了。那场血腥的噩梦终于要结束了。7月里，曼金的坦克大进击把德国人逼得撤退，并且俘获了他们3万人；8月中，英国席卷了西齐菲防线；而到了9月，波辛以60万美军投入战场。毕加索并不特别关心——他的祖国在南方，但别人的快乐也增加了他的快乐。

　　夏日的访客之一是保罗·卢森伯格，他是个极有能力而且重要的画商，他来拜访毕加索，并且成了他的代理商。在毕加索看来，代理商的任务不只是帮他卖画而已，他要求卢森伯格在巴黎为他找一间新的寓所。

　　1918年的11月，位于波提街新寓所的装修工作尚未完成，回到巴黎的毕加索夫妇只好在旅馆等待。随着战争胜利以及即将到来的停战，欢乐气氛充满着巴

在海滨的女人

黎每一条街道，毕加索的心境却是感伤而又担忧，因为阿波林纳染上了战后像瘟疫一样席卷欧洲的西班牙流行性感冒，病得极

重。毕加索恨疾病，而且这种感冒又极端容易传染，但他和奥佳在 11 月 9 日这天晚上还是待在阿波林纳的床边。

毕加索也许没有料到阿波林纳会死去。一个才 39 岁的人，应该可以撑得过一场小小的感冒。当阿波林纳的死讯经由电话传到他耳中时，他正站在镜前——可能是在刮胡子或画自画像。他整个愣住了，他看到死亡反映在他自己的容貌上。他从小就画自己的脸，到现在已经形成了一个可观的系列。可是从这一天——阿波林纳死的那天开始，他没有再画过一幅自画像。

阿波林纳死的时候，毕加索正好 37 岁，正是拉斐尔、凡·高和托洛斯·劳崔克去世的年龄。如果毕加索也在这时死去的话，他身为创新者的声誉仍然会是极高的，但英雄岁月的本身已经过去了。他曾大力地把学院主义抛在一边，然而 1918 年时创新后的一切已然上了轨道，新的观念、新的自由以及温和的无政府主义遍布四方，立体派仍是先锋，达达主义已经出现，超写实主义已经不远了。艺术将永远变革下去，再也不需要英雄的形象。事实上，从此以后也不曾出现过可与毕加索、马蒂斯和布劳格等量齐观的人物。

从这时开始，他就一再改变自己的绘画、素描和雕塑，不过这些都只是他个人的变革，因为他不可能再去打倒那些早就被他摧毁的传统了。

此时，他的艺术创新包括了向新的巨大形式的进展，一种把人体扩展成巨大比例的独特作风，这些作品要并入他的新古典时期的，不过目前他还是继续从事立体派的画作，

戴帽子的女郎

93

有些跟他在合成立体主义时期的作品一样紧张而严格，不过分析时期的非个人和无色彩作风再也没有出现过；另外有些则非常松弛，似乎立体主义只是他思想的许多要素之一而非全貌。

俄国芭蕾舞团战后回到了欧洲，狄阿格西里夫开始为1919年分外灿烂的一季做准备；其中一个节目就是"三角帽"，既然马提尼兹·西拉的这出脚本是在他的祖国西班牙写的，同时音乐部分是安达鲁西亚的作曲家法雅谱的曲子，毕加索自然就成为设计布景和服装的最佳人选。

这意味着他摸索新方向的画作要被打断了，不过毕加索还是答应了下来，并且马上投入新的工作。此时，他对剧场的概念比"展览"那时可能更实际一些。这出芭蕾舞剧比起他的第一出来，革命性要小得多，故事的内容只是关于一位上了年纪的西班牙绅士想要勾引一个年轻磨坊主人的未婚妻而未能成功的经过。毕加索只要回顾他的年轻时代就可以找到工作的方针，因为那时他不但在渥拉德或波瑟·韦儿处展览了许多"西班牙式"的画作，还有许多"玫瑰时期"的作品，只要把这些凑在一起就成了这出故事的迷人布景。他设计的布幕是一个"斗牛场"的景象，戴着头巾的女人与着披风的男人坐在弧形包厢的影子里，天空有个闪亮的太阳，一只死掉的公牛正被拖出场子。演员的服装则直接采用西班牙的传统装束，很能取悦观众。

这一时期的毕加索决定要以一般人所采取的方式来寻求快乐。他天性十分好奇，他想要知道时尚的生活是否就跟人们所说的完全一样。1919年7月22日，"三角帽"在伦敦上演了，他的布幕受到全场的喝彩，而整出芭蕾舞剧开始得极为顺利，结束时士气高昂，观众既鼓掌又欢呼，舞者都很高兴。"三角帽"完全成功了，其结果之一就是使毕加索接触到一大群富有而喜欢举行宴会的人，他自己对宴会的兴趣也越来越高。

同一时期也在伦敦的狄伦则完全不同，他和布劳格都认为一个认真的画家不应追求时尚，必须远离富商巨贾。狄伦的这种态度形成了对"上流阶层"人士的嘲笑轻蔑。至于毕加索，他从来也不觉得自己的阶层比任何人低；而他的好奇心、他惊人的活力，还有他对其他人的兴趣，使他不愿意放弃去探索任何可能的欢乐。

回到巴黎之后，保罗·卢森伯格为毕加索举行了一次展览，这是毕加索的首次大型个人

海滩上奔跑的妇人

展览。这次画展极为成功，不仅仅在于作品的出售上，而是在于让许多人看到毕加索作品的各个不同面貌。批评家以及来看画的公众都非常欣喜而且对其作品印象深刻；人们得到了一个概念，那就是发明立体主义的难解隐喻的那只手，同样可以造出立即可以看懂，而且立即使人陶醉的画作。

1919 年到 1920 年间，毕加索在盘算的另一出芭蕾舞剧是"丑角"，这是纯粹由 18 世纪的喜剧演变出来的剧作，相当合毕加索的胃口。1920 年 5 月 15 日在巴黎首演的这出芭蕾舞剧是一个大大的成功，史特拉汶斯基说这是极少数由各个部分结合，而能成为令人满意的整体表演之一，并且称之为"毕加索的奇迹"。

人们对这出芭蕾舞剧的赞美，有许多落到了毕加索的身上，同时由于巴黎现在也在上演"三角帽"，而"展览"的再度推出也获得了成功，使得他成为巴黎最引人注目的人物之一：他出现在每一个鸡尾酒会上，参加每一个首演典礼，并在奥佳的陪伴下不断地赴宴。如果他想见识见识"上等生活"的话，这下可算是如愿以偿了。

毕加索新认识的朋友有不少是外国的富豪，另外一些则是来自法国的世家。1920 年夏天到来时，毕加索过人的精力也被他的工作、鸡尾酒会、晚餐和宴会磨得差不多了，他开始怀念地中海，于是和奥佳南下，到璜列平斯去度假。璜列平斯是个未经人工雕

琢的小地方,有着与卡达奎斯一样的海洋,与马拉加一样的太阳。在这里,坐在充满热橄榄油气味的小餐厅,眺望着傍晚的海水,那水的颜色就像他杯中的酒一样黑,他觉得自在无比。

桌子上的面包和水果盘

6月的时候奥佳怀孕了,当情况越来越明显时,毕加索对"母性"题材的兴趣又恢复了。他在往日曾经画过许多深刻的母与子的作品,常常都是年轻、脆弱的女人,美丽而出奇地优雅,大部分的画作中都带有对社会的批判。然而,长久以来的明显批判已经消失了,他现在的思想是在另一个层面。现在的这些女人都是巨大的形体,不太年轻,有粗硬的大手和大脚,像神一般,超然独立。

秋天,毕加索带着奥佳回到巴黎,并且开始从事另一出芭蕾舞剧的设计。这是由法雅作曲,有着传统安达鲁西亚歌曲和舞蹈的"佛莱明哥"。毕加索的布景和服装跟法雅的音乐一样传统:整个成品极富娱乐性,并不企图达到什么高水准。

演出之后,遭到一些恶劣的批评,但是毕加索无心理会,因为就在首演前几个礼拜,奥佳为他生了一个儿子。

儿子保罗出生之后几天,毕加索就画了一张他在吸奶的贪婪相,开始了此后一长串这类充满亲情爱意的素描;而在同时,一整个系列的巨大、神圣的母性作品也开始出现了。

温馨的新古典期

既然奥佳刚生过孩子,她和毕加索在 1921 年的夏天就没法跑得太远了。他在芳甸布卢找了一间房子,离巴黎不到 40 英里,他们在那儿度过了一段北方假期。那个地方相当大,足可让毕加索远离一个婴儿的哭喊和邋遢。不过这段期间他尽可能耐着性子待在家里。他一次又一次地画着这幢别墅的内部,用一只特别细的铅笔,带着温和的嘲讽,画下每个微不足道的细节。

这段时日给予毕加索单纯的快乐以及大量创作的活力的是那个迷人的小天使,粗糙、真实、恒常,这些都可以用来形容他自己的孩子,于是他不断重复地画着这个小家伙。不过,更重要的是孩子成了一种催化剂。若不是有这婴儿在眼前,毕加索就不可能画出那一整个系列的母性作品,这些虽然与他新古典期的女人有很大的关系,本身却具有特质。由于婴孩都长得很像,所以不能确定这些作品中吸着奶的小东西是否就是小保罗,不过很可能不是,因为画中的这些母亲与奥佳全无相似之处。奥佳大约 5 英尺 4 英寸高,比她丈夫略矮一些,而画上的那些却是巨大而温和的女人,带着简化的古典特质。她们镇静地存在于另一个层面,不为任何世上的事件所动。

同时同地,毕加索画了两幅非常相似的大幅作品,一般被认为是合成立体主义的归纳与最高指标:两幅作品都叫《三个乐师》,都是画着三个乐师戴着面具在一张桌子后面坐成一排。其中一幅比较暗,一个小丑吹着一件管乐器,另一个小丑弹着吉他,一个僧侣拿着乐谱,而一只狗躺在桌子下面。另一幅作品里面,两个小丑交换了位置,原来弹吉他的那一个现在拉着小提琴,僧侣则拿着一个手风琴,狗却不见了。两幅画作都遵守着严格的立体派教条,空间是由平的、大致是直线所构成的一些面组成的;所用的色彩大致很鲜明,要不是用了很多严肃的蓝色的话,应当是相当欢愉的。

三个乐师

这两幅《三个乐师》是 1921 年最重要的立体派作品,有人认为它们是介于以往的成就和其后的毕加索新古典人物画之间的分界线。

毕加索投入市场的大量立体派画作价格日益高涨,那些买了他的画的人常常觉得自己有权认识作者本人,因而在毕加索回到巴黎时,他的社交又繁忙起来。同时在 1922 年里,他经过柯克多接触到许多戏剧界及有来头的朋友。如果他愿意的话,他每天晚上都可以去赴宴。由于精力过人,他常常乐于这么做。

这时的毕加索是个相当体贴的丈夫,1922 年的夏天他带奥佳和小保罗到游览胜地狄那去玩儿。那是个漂亮的小地方,有一片很好的沙滩,在天空晴朗的时候特别迷人。可惜当地却是全法国云层最多、湿度最高的地区,即使在太阳出来的时候,它也比不上南方那样的熠熠生辉。不过狄那却有两所俱乐部和许多拥有棕榈园、乐队、舞池的大旅馆。

毕加索专心工作的能力使他能忍受夏季别墅的一切不便,面对一个大哭大嚷的小孩子,好社交的太太,还有一大堆相识的人,而能不断地作画。他画了几幅狄那的风景、一些女人和小孩儿,其中包括一幅特别温柔的母性作品。上面的母亲,虽然仍旧硕大,却不再像是用大块石头刻出来的那样,而是有着温和的粉红及灰色,有着"玫瑰时期"的温暖感觉。他在这一时期的许多其他画作都有这种风格。不过,在这个夏天里最常见的作品还是立体派的静物,有些用传统方法绘成,另外有些则称为"斑马画法",也就是在一个颜色的平面上会覆盖着带状条纹。这类作品有二三十张,几乎全都是传统立体派的玻璃杯、酒瓶、烟草或香烟盒等题材。颜色相当保守,几乎是单色的。

母子在海滩上

从他的画作判断,狄那的这段假期始终都很快乐,不过它的结束却很突然。奥佳生病了,毕加索只好带着她赶回巴黎,一路上用冰袋照顾她,而小保罗则晕车晕得很厉害。回到巴黎找到了医生,奥佳才好起来。

想要探索毕加索画作的进展,最好是把注意力集中在他的夏日假期上,因为他在南方比在巴黎更能获得他所需要的孤独,当然还有太阳。他通常是在南方开拓一个新的起点,再回到巴黎去细细地完成它。乍看之下"孤独"这个字眼似乎跟毕加索扯不上关系,对他来说同伴就像空气一样重要,而他周围总是可以看到一大群人。但孤独对他还是必要的,不只是因为他骨子里就是一个寂寞的人,而且也是为了工作。有许多人能在吵闹的环境下、四周都是人的时候工作,毕加索却不能。1923 年中,他出发到安提比斯去寻求他的孤独。

在他动身之前,还有许多事要做,其中一件是和纽约《艺术》评论杂志的沙雅士会晤。美国人所见过的毕加索作品还不太多,但毕加索已经激起了他们浓厚的兴趣,并且每一个略知现代艺术的人都知道他是欧洲画坛最重要的人物之一。这次会谈涵盖了

他的许多观念,而他对未来的进展,或者说革新的观点是这样的:

坐着的裸女

我也常听到革新这个字眼。人们不断要求我解释我的绘画是在怎样地革新。对我而言艺术中没有过去也没有未来。如果一件艺术作品不能永远生存于"现在",那它就没有考虑的价值。希腊、埃及和其他时代伟大画家们的艺术并不是过去的艺术,它在今天可能比在任何其他时候都要鲜活。艺术本身是不会革新的,改变的只不过是人的观念和表现的方式。当我听到人们谈论一个艺术家的革新,我觉得他们以为他是站在两面对立的镜子之间,复制出无数的影像,而他们就把其中一面镜子中的影像当作是他的过去,另一面镜中的影子当作他的未来,真正的形体则当作现在。他们却没有想到所有这些其实只是不同层面上的形象。

我自己在艺术中所用过的种种方法不应当视作是一种变革,或是一种迈向绘画的未知理想的高度。我所做过的一切都是为了"现在",并且希望它能永远留在"现在"。当我想要表达一些东西的时候,我既不考虑过去亦不考虑未来。如果我想表达的题材本身提醒了我各种不同的表达方式,我会毫不迟疑地采用它们。任何时候当我想说出一些东西,我都是以我认为非用不

毕加索
Byjiasuo

可的方法说出来。 不同的动机必然需要不同的表达方式。 这并不暗示着革新或进展，而只不过是为了把想要表达的观念和表达观念的方法配合起来而已。

熟睡的农民

安提比斯基本上是一个渔村，仅有的工业是种植花朵和芳香植物并予以加工。毕加索在那儿是快乐的。太阳将它的能量倾注在他身上，在海水浴、吃东西、和朋友谈天以外的时间，他画了许多沉静、秀美的女人，很多小丑和卖艺人，还有吹排箫的人。

其中的一幅《吹奏排箫的人》，于1923年完成，是一张大油画，有两个少年站在海岸边的土堤上，他们粗壮有力的身躯有着一种典雅的古风、一种文静的特质，尤其是在左方倾听着的那一个更是如此，但却不是像石雕那样，而是带有某种不动声色的优雅。他们穿着游泳裤，其中一个坐在石上吹奏着，另一个静止不动地站立，凝视着虚无之处。毕加索极喜欢这幅画，于是将它纳入了自己的私人收藏。一般认为这一作品是毕加索古典时期的最高成就。在这同时，立体派的静物仍充满了毕加索的画室，并且在这多产的一年，他又有了一个最重要的转变。昔日直硬的边缘以及有角的强硬平面开始消失了，取而代之的是柔软的曲线和自由形状的平面以及流动的线条，这些看起来不像是局限在一个形体，反而更像是包在一个形体的外面，有如边上的装饰一样。这种变化早在 1922 年的一些不太重要的作品中已经有所征兆,而在此刻倾全力地表现出来。

另外,他还常常画小保罗。这孩子现在两岁多了,会走来走去,而且能讲一口比他双亲都地道的法语。这年早些的时候毕加索曾为他画过一张蜡笔画,他穿着羊毛衬裤,抓着一匹木马。现在毕加索又画了一张他坐在驴背上,穿着厚衣,戴一顶软帽的图,那匹多毛的驴子和用单纯线条所表现的幼儿脸孔看来都十分可爱。毕加索还画了儿子穿一双红色拖鞋,正在一张矮桌子上涂鸦;而这孩子无形无状的图画跟他父亲次年的作品倒颇有相似之处。

在这 1923 年的夏天,毕加索新结识的一位朋友叫布莱顿。布莱顿当时 27 岁,一个正等待出世的如猛狮般的人物,一个声誉极佳的诗人,并且也是个达达主义者。达达主义厌恶既经建立的制度,他们希望能毁灭这制度;在艺术方面,他们则抛弃一切已经存在的观念,用不合理来代替合理,把思考和表现完全分开。战后许多达达主义者来到巴黎,他们开始展览、表演,而他们的表

穿着百袖服的小保罗

演常常闹到必须由警察来干涉的地步。毕加索生性好奇,对他们的活动十分感兴趣。

没过多久,达达主义者察觉到他们想要用来摧毁一切心智产

物的武器原来还是心智本身,这件事确实使他们张皇失措:他们争吵,互相把对方当作异端来驱逐,并且感情激动地诅咒自己的前辈同道,于是这个活动就在内在的矛盾下寿终正寝。

这是 1922 年的事,但是由它的灰烬中升起了更引人注目、更具有积极意义的超写实主义,这个主义在 1924 年的宣言就是布莱顿写的。

超写实主义比过去的任何运动都更吸引着毕加索。超写实主义者声称毕加索是他们的先知。他们把《阿比南少女》翻印在《超写实革命》杂志上,并且指出《穿衬衣的女人》是他们哲学的先驱。

不过目前毕加索还没有办法把全部注意力放在超写实主义上。他不仅有许多夏天的灵感要在回到巴黎之后付诸实行,同时还要为在保罗·卢森伯格画廊的画展作准备,此外

自画像

还要为另一出芭蕾舞剧制作布景和服装。这是由沙提谱曲,由马西奈编舞的"水星"。

毕加索这次所投下的心力比"展览"还多。到了 1924 年的 6月,群集在剧院的观众们看到的既不是布幕上的自然主义,也不是舞台上的立体主义,而是一个全新的毕加索,完完全全是流动的线条。舞台上是一个奇异的世界,布景是许多自由的形状,用铁丝牵动着,使整个芭蕾舞剧充满着律动。可惜的是此等创造力却虚掷在一个毫无创意的剧本上,几乎没有人喜欢这出芭蕾舞剧,但是毕加索的布景却受到极高地赞扬。这是他对芭蕾舞剧的

告别作，在荣耀中脱离芭蕾舞剧的毕加索，将再度回到他真实而孤独的天职。

毕加索对"水星"的贡献改变了超写实主义者的态度。包括布莱顿在内的一些人，头几幕的时候不断发出嘘声，终场时却留下来鼓掌。第二天他们写信给《巴黎期刊》公开道歉，并且做了如下地表示：

> 我们要表达对毕加索深挚而全心全意地赞美，他，不顾任何神圣不可侵犯的传统，永不停止地激发我们这个时代的探索热忱，并且不断地赋予它最高的表现形式……毕加索，远远超越他的同辈，从现在开始要成为永恒的年轻化身，并且无疑是当前情况的导师。

★★★◀◈▶★★★
☀知识链接☀
★★★◀◈▶★★★

达达主义和超写实主义

达达主义是20世纪初产生的西方现代主义绘画流派之一。达达主义绘画否定一切传统的审美观念，主张"废除绘画和所有的审美要求"，要创造一种"全新的艺术"，用一些怪诞抽象甚至是枯燥的符号组成画面。例如，维隆·杜桑就根据"破坏就是创造"的宗旨，把一个便壶送给1917年的纽约的独立美展。1920年，他又在巴黎展出了"新作"：在达·芬奇的名画《蒙娜丽莎》的复制品上给蒙娜丽莎添上两撇胡须。达达主义绘画后期的一些画家，如库尔特·施威特尔等则用纸片、抹布、火柴盒、垃圾等粘贴在一起创作"作品"，明确体现了否定一切的艺术思潮，在一定程度上表现出西方社会中知识阶层对当时社会环境和秩序的否定。

达达主义反对战争，反对权威和反对传统，同时也反对艺术，反对一切，作为社团它必然要走到自我否定的境地。达达的虚无主义和反传统的精神，贯穿在整个西方现代文艺的进程之中。在平面的绘画中采用拼贴手法,把偶然性、机遇性运用在美术创作中,是达达对现代美术的贡献。由于达达主义的绘画作品没有什么美学价值,几年之后这一流派便告解体。一些重要画家如弗朗西斯·皮卡比亚等力图从否定一切中挖掘一些积极的东西予以挽救,从而转向了另一个西方现代主义文艺流派——超写实主义。

超写实主义是法国作家安德烈·布莱顿领导的文学和艺术的运动,1924年,布莱顿在巴黎发表了《超写实主义宣言》。

超写实主义的社团是从达达内部分化出来的。它用建设性的态度对待艺术创作,以取代达达主义的破坏和挑战。它直接从弗洛伊德的潜意识学说中汲取思想养料,并以弗洛伊德的理论作为这一艺术运动的指导思想。超写实主义的美术家们从儿童、精神病患者、梦境中汲取灵感,致力于探讨人类经验的先验层面,试图突破现实观念,把现实观念与本能、潜意识和梦的经验相糅合,以达到一种绝对的和超现实的境界。

超写实主义者常常采用出其不意地偶然结合、无意识地发现、现成物的拼集等手法。写实与抽象的语言在他们的作品兼而有之。从1924年以后到20世纪30年代末,是超写实主义美术的活跃期。二次大战期间,大多数超写实主义者都到美国避难,这为美国现代艺术的发展准备了温床。20世纪30年代以后,作为艺术运动,超写实主义逐渐冷寂,但许多重要的超写实主义画家仍然活跃于欧洲和美国画坛。

美丑之间

19 24年的夏季,毕加索又出现在璜列平斯,不过除了一些高瘦、美丽的优雅女人以及或坐或立披长袍的人物画像之外,那古代的世界、排箫、牧神、半人兽,都不再出现在他的画室里了。事实上,这一年是他新古典期的结束。

他在1924年以及随后一年里的重大成就,是一些大幅、充满着色彩的静物,它们称得上是立体派的作品,而且它们也保留了许多传统题材,如吉他、酒瓶、乐谱,不过合成性与直线条都减少了。这些装饰性极高的图画全都是曲线构成的,与他在12年前的同类作品相去甚远。此一时期的作品不太神秘,比较容易被人接受,但它们的意境不见得较低。

这种转变可能与他可爱的儿子有关。保罗似乎是一个迷人的小男孩儿,而毕加索跟所有的父亲一样,把第一个孩子当作自己生命的延续。

他画了许多小保罗的像,这一年里最特殊的是一幅大油画,画面上的保罗穿戴得像一个小丑;另一方面,从这时候开始,一向是个重要象征的小丑角色,从毕加索的作品中消失了。那孩子规规矩矩地侧坐在一张有垫子的椅子上,两只眼睛有些焦急地向着画面外凝视着。这些图画中小男孩儿的清纯线条以及眼神和气质,都流露出一个父亲的无限温柔。

穿着小丑服的保罗

毕加索虽然已经向芭蕾舞剧告别,却并不表示已对它失去了兴趣。他和奥佳时常去看芭蕾舞剧表演。奥佳很喜欢与舞者为伴,不只是因为她能了解他们说的事情,更是为了她可以向以前的同仁炫耀她现在拥有的昂贵衣服和漂亮寓所。毕加索目前在经济上很过得去,买了一辆汽车,这在当时是一个很了不起的身份象征。由于毕加索不会驾驶,所以又雇了一个车夫,这是很引人注目的。奥佳生活得很好,不论原来的出身是什么,她尽可能表现出很高贵的样子:带保罗出来散步的保姆必须要走在她身后三步的距离。此一奇景使她的邻居们都叹为观止。

毕加索这一年的工作在接近圣诞节时的一幅大静物画达到顶点,这画的名称叫做《一片瓜的静物画》。画面上是一张桌子、一把吉他、一些乐谱、一片瓜放在一大张鲜艳的红布上,左方则摆着一幅胸像,上面的容貌简简单单地描出来——有一个立体派的鼻子和眼睛。这幅作品是如此充满生气,使得"静物画"这个名称都显得有些不恰当了。

曼陀铃和吉它

1925年刚开始时,他的作品以同样的稳定程度大量生产出来:更多的静物,可爱的家人肖像,一个拿曼陀铃的可爱女孩儿,所有这些作品都十分悦目——跟他所说过的绘画与美无关的话背道而驰。春天的时候毕加索到蒙地卡罗去,狄阿格西里夫正在那儿指导团员排练。毕加索这次不是以合作者,而是以朋友的身份去的。不过他还是花了很多时间看他们的排演,为他们作了许多工作和休息时的美丽流畅的古典素描。

毕加索这一段平静顺畅的日子突告终止,因为传来了彼克特的死讯。早在1921年那一次与斐南蒂在塞瑞特的不愉快探访之后，彼克特和毕加索就没再见过面，不过他们在此之前是极亲密的朋友。毕加索时常和朋友吵嘴，有时吵得非常激烈，但他极不愿意他们完全脱离他，自己也从来没办法把他们完全忘掉。他对朋友的喜爱并不会因吵嘴而消失，这种喜爱会持续许多年，而且友谊常常会恢复过来，有时稍减一些，有时甚至比以前更深厚。

失去任何朋友都会使他沮丧，尤其是彼克特之死，无疑使他失去了年轻岁月中的重要部分，这个部分可以回溯到"夸特·加兹"以及他在巴黎最早的那段日子。他并没有很多相识那么久而又喜爱那么深的朋友：马诺洛远在他乡，麦克斯·杰克卜也是，阿波林纳则已经去世。另外彼克特和卡萨杰玛斯的关系极为密切，而卡萨杰玛斯的死又曾那样深刻长久地影响到毕加索。

这个消息传来时，有一种深深地不满正在他的心中成形：一种对生活方式的不满。他察觉到自己近几年来的作品虽然广泛地得到认可与称赞，却已消失了它们一度有过的爆炸力，好像是他在 44 岁的年龄已经完成了他所有重要的发现，又好像是一个撑饱的肚子、一套剪裁合式的衣裳、一条放在胸前口袋的手帕和一个干干净净的蝴蝶结，它们已经出卖了他内心的太阳。

这种不满爆发成了一幅狂野、惊厥的画作，称为《舞》，或者称为《三个舞者》。他花了好几个月的时间在上面，就跟他画《阿比南少女》时一样，而这两幅画的重要性以及它们的冲击力也是不相上下的。

这幅画长达 7 英尺，其中高大、怪诞、野蛮的人形手连手地舞着。中间那个人的身体，赤裸着，从脚到头是一条紧张的长线，她的两臂高举向外伸展着。左边的一个野蛮的人形，在狂暴的动作中整个扭曲，她的头向后仰到与躯体成直角的程度；她的左手连着前一个的右手；她穿着一条有斜纹的短裤，她的疯狂、狂欢或苦痛的小头颅比《阿比南少女》中任何东西都极端。画面的另一边是一个比较冷静，看不出性别的棕白色人形，右手直直地高举，握住第一个女人伸展的左手，而左手则抓着第二个女人的右掌。在这第三个人形的后方隐隐浮出了彼克特严肃的轮廓—— 一个剪影。这幅画的确是为彼克特画的,因为毕加索是这样告诉潘洛斯的,他说《三个舞者》其实应该叫做《彼克特之死》。

毕加索是个非常有创造力的人,有创造力的人大致说来都有比较强的感受力,但却很少有快乐;在一个连普通心灵都会感到沮丧的世界里,他们要为更敏锐的感受付出极大的代价。毕加索的感情是情绪化、复杂的,而且走极端的。他从小生长于其中的那个文化很少教导他关于人际关系的自我控制;而

三个舞蹈者

很早的时候,他的母亲以及斐南蒂就曾注意到他的天性绝不会让他快乐。

奥佳天性善妒,占有欲极强,并且跟她的丈夫一样缺乏自我控制。她现在没什么事可做——仆人已经够多了。她的时间都用来使她的丈夫生活得难受。她没有明显的不满的理由:毕加索,虽然有时是一个极难相处的人,却也十分温柔;他给了她一个国籍,一个不菲的收入,还有一个孩子。他起码是个称职的丈夫。但一个人的不满实在不需要什么明显的理由,而且她似乎从来不曾真正喜欢过毕加索或他的作品。

毕加索曾说过他的作品就是他的日记,因此这时候在他画中开始出现的怪物实在有其重要的意义。最早的一幅怪物就是1927年1月的《睡在摇椅上的女人》,一个怪诞扭曲的人形,她猪鼻状的脸孔向后仰,她满是牙齿的嘴张得极大,可能正在打鼾,而

这女人的身躯仿佛是一个带着残酷死亡陷阱的变形虫，而整个轮廓则是一圈强硬的线条，就像是染过色的玻璃切片连接而成。

1927 年的夏天，他是在坎内度过的，这段期间仍然画了几幅怪物女人，包括一幅怀有惊人恶意的《坐着的女人》；但是也有一些对往日快乐的追忆。一幅几乎纯属合成立体主义的《画室》，上面那位画家的笔停在半空，正凝视着一张红桌子上的水果盘和白色石雕。

为了取悦甚或安抚他的妻子，毕加索到狄那度

睡在摇椅上的女人

1928 年的夏日假期。他在此地画的一些海滩风景——裸着的人们玩着一个球，居然有些愉悦的感觉，而用色确实也相当轻快；但有些人仍发现这些扭曲的三角形躯干，小小的头，平板如桨的四肢给人很大的压迫感。

麦克斯·杰克卜回到了巴黎，他和毕加索的友谊一如往昔，不过他们两人现在的生活世界却鲜少重合。毕加索的那个世界毫不快乐。他可能是全欧洲最知名的画家，工作很勤奋，然而他却以渴慕的心情回顾在"洗衣船"的日子。要是说艺术是内在冲突产物的话，这几年来毕加索必定是极不快乐的，因为这是他作品产量最多的时期。工作对毕加索来说不但是必要的，而且还是他最可靠的避难所。

在狄那期间，毕加索开始计划着做一些纪念雕像，这将是一

些巨大的构筑艺术。他画了许多草图,上面的大型人像看来似乎是用骨头做成的。有人说他在这时的绘画和雕刻都进入了"骨骼期"。不过在秋天回到巴黎之后,他并没有真正着手去实行这一计划,因为如此大的人像,例如一个30英尺高的女人头像,不是任何私人所能负担的,即使毕加索这么有钱的人也没办法。在有关当局方面,由于美国的经济大萧条正快速地传往欧洲,因此也不能资助他。

这些纪念像虽然未能真的巍然矗立,却经由另一种媒介实现了,因为雕刻的感觉已开始进入毕加索的绘画中。1929年的夏天接近时,怪物和骨骼人形结合为一,形成了毕加索最骇人也最动人的画作之一《坐在海滨的女人》。她的身体看来好像是用光滑如骨骼的白木做成,而她脊椎骨的关节历历可见。她侧坐在沙滩上,手连在一个弯起的膝盖上,一只紧张的手臂与

坐在海滨的女人

地平线平行,起皱的手肘是唯一有血有肉的暗示。她的另一条腿叠放在下方。她并没有真正的躯干,她的胸部,一个单一的斜面,向着海洋突出,而腹部并不存在。从她的砧骨伸出一个突起,连接她的头部和那支离而又相连的身体。在这个头部上,鼻子呈有些尖锐的三角形,还有两个无色的昆虫眼睛,脸的极大部分却被颚所占据,这颚是向两旁移动的,跟昆虫一样,令人联想到螳螂,那致命的猎食者。

这怪物背着纯净的海洋与天空,以一种奇怪而可怖的优雅的

姿势坐着。她支离的身体的各个小片都优美地投射了海与天的蓝色以及沙滩的颜色,那些放松而光滑的平面本身带有一种冷静,而不受到上方吓人的颚的干扰。她并不邪恶,只是天性饕餮无厌。这幅图既平静而又极端猛烈:平静是因为那些阳光照耀的有色平面,猛烈则是为了那潜伏的威胁。

作为一个画家,毕加索一定对自己的这幅作品深感满意;身为一个男人,他一定看到了那颚正大大地张着,该是逃跑的时候了!

心灵的磨难

毕加索对自己的私生活极端保密,许多他最亲近的朋友在多年以后都还不知道玛丽·塞瑞丝这个人,我们只能从一些人的记载中得知她完全不计利害、从不需索,而且重感情。从毕加索为她作的画像上看来,她还是十分美丽的。他们相识的年代日期并不清楚,不过很可能是在 1931 年,她 20 岁而他正是 50 岁时,巧合使他们由巴黎的不同地区来到同一地区,并开始了一连串的交往。

1930 年时毕加索的一幅画《受难》标示出他不快乐的顶点。这幅作品经由许多艺术家、美术史学家的解释,它的象征被详细地分析过,简单地说来,这是一次基本上带有宗教性质的深情呼喊,同时也是关于死亡、痛苦和牺牲的叙述。画中的每一个人物,包括基督、盗贼、兵士等等,都有着不同性质的扭曲,每一种扭曲都非常极端,并与毕加索某一时期的作品有所关联,它们可被视为他每一种变形的总归纳。虽然包含了这么多不同的格式,但整幅画仍有着整体的感觉,这整体性来自其中的强烈情感。

《受难》是他整个不快乐的表征,而毕加索在 1930 年到 1931

年间又画了许多其他思绪大致相同的作品。他受到折磨而几乎绝望，但却从来不被击倒，总是有着强烈地抗议。

毕加索作品中全然的快乐已有好一阵子没有出现了，直到他遇见了玛丽·塞瑞丝。1931年末，他画了一幅雕刻家正在端详一座胸像的画，而这胸像由它典型的鼻子和前额看来就是玛丽·塞瑞丝，这幅画上清楚地标着日期——1931年12月7日。数个星期之后，又出现了一幅她的画像，她睡在一张安乐椅上，穿着一件有蓝色饰带的衣服，

玛丽·塞瑞丝

这一幅的日期是 1932 年 1 月 24 日。然后在 1932 年的春天，快乐涌进了毕加索的作品，他以惊人的活力完成了一系列的大油画，大多是裸女，而且全都是同一个女人，形象常常是扭曲着，不过总是极亲切的——一个大而结实的身体，布满感性的曲线，通常沉沉地睡着。这些作品由上面标示的日期来看每隔两三天就有一幅。它们的风格颇为新颖，其中松弛的快乐也是一样的，这种特性在毕加索的作品中并不常见。

如果奥佳是一个比较了解或更关心她丈夫作品的妻子的话，她就会知道有什么事在暗中进行，不过她显然不是那种人。最初毕加索似乎决心要过一种双重的生活，尤其能有一阵子这种生活似乎也很不错。

关于玛丽·塞瑞丝，倒有一件事颇为奇怪，那就是毕加索从前就曾想象过她这样一个人，在认识她以前他就画过一些身体和

毕加索
Bijiasuo

脸孔像她的女孩，现在他更是不厌其烦地画她。不过，他更喜欢用看雕塑的眼光去看她——他对她的头部非常着迷，尤其是对她那古典的前额延伸成轮廓分明的鼻梁的方式。

　　不过，目前还不是为她作雕像的时候，因为1932年是毕加索在画室之外最忙的一年，除了照顾许多事业之外，他还成了一位地主。他用财产中的一部分买下了博易杰洛普古宅，这是一座17世纪或18世纪的建筑，距巴黎约有四十英里远，比起其他一些古宅可能不算什么，但它有许多附属的建筑，如马厩、空房、一间马车房，足够作为雕刻家的工作间之用，可以容纳仍然在毕加索脑海中的那些巨大雕像。

　　除了买下这片建筑，他还要为当年夏天在巴黎举行的他个人的大回顾展做准备。此外，他必须抽空监督博易杰洛普的新家安置的情形。这时的毕加索再也不是那个整洁温顺的丈夫，他很快地恢复了吉卜赛式的天性，那些高级的羊毛服装都放着让虫子给蛀了，那些个蝴蝶领结、胸前口袋上的手帕等也都很少看到了，不久以后甚至完全消失了。

　　毕加索为了他的回顾展投入了许多精力，这一次展览比从前的任何一次都要重要，是他现有成就的一次真实而具有代表性的展示。到目前为止，巴黎所看过的毕加索都是片片段段的。他现在50岁了，声名大多出于人们的传闻，而非奠基于一个稳固的、广泛的赏识。他从各个来源，特别是他自己的收藏中搜集了200件以上的画作，从棺中的卡萨杰玛斯一直到穿衣镜前的玛丽·塞瑞丝，囊括了蓝色、玫瑰、黑人、前立体主义、高度立体主义、合成立体主义、新古典，一直到后立体主义各时期的作品，另外还有一些怪物、《受难》和一些最近的生活记录。他亲自去监督悬挂它们，并把雕刻作品安置在适当的灯光下。他只能做到这一步了，最后的裁决将来自其他的人。

　　展览由1932年6月15日持续到7月30日，取得了极大的成功。这次展出奠定了他是20世纪重要画家之一的地位。有些人可能说马蒂斯的声名更为远播，尤其是在美洲，他已略略领先毕加索

一些;而布劳格,虽然做得不错,却已经落伍了;至于狄伦则刚刚起步而已。

1933 年的夏天,毕加索待在坎内,这段时间里有一张照片上的奥佳脸色阴郁,站在好像是一家大餐厅的台阶上。毕加索的画作在质

接　吻

与量上都降低了,这个假期中唯一值得一提的是几张用超写实手法画的有脚的家具。

毕加索在这一段时间里的工作想必相当难受,除了明显的创作上的困难之外,一个始料未及的事件夺走了他仅有的平静。斐南蒂·奥莉维亚写了她的回忆录,把毕加索的隐私毫不留情地公开。斐南蒂的这本《毕加索与他的朋友们》大致上并不是一本特别令人不快的书,不过它确实把毕加索描述得不怎么样,并且有一些情节展示着他在身体与道德两方面的懦弱。毕加索极端沮丧,他企图阻止这本书的出版,但却是白费力气。这本书对他来说是个残酷的打击,使他在此后十多年都不愿意看到镜中的自己。奥佳对这本书的反应想必不会使他更平静,因为她一直有着极强烈的嫉妒心,尤其是对斐南蒂。

到了 1933 年 8 月,毕加索再也没办法在坎内待下去了,他搭上汽车,在途中某处接来玛丽·塞瑞丝,由谨慎的司机伯丁驾着驶往巴塞罗那。这是在 1931 年共和政体成立以来他第一次到西班牙去,可是他似乎对国王被推翻和总统的选出都没有任何反应。政治对他一直没有太大意义,何况在这个节骨眼上一定有很多别的事占去了他的心思。

回到巴黎之后,他在博易杰洛普画了一些以斗牛为背景的作

斗　牛

品,这是一些野蛮的图画,上面的野牛、马匹或一个女斗牛士,都可怕而痛苦地死亡了,常常是一片混乱的扭曲肢体、牛、角剑还有身体,这类画作一直持续到 1934 年。

1934 年里,不快乐充斥着他的绘画以及木刻。这年夏天,他画了一幅《马瑞特之死》,上面是一个极端丑恶的长牙女怪物,向着昏迷的玛丽·塞瑞丝冲去,用一把大菜刀刺她,刺的时候还伸出长长的尖舌头。一两天之后又有一幅,画面上的玛丽·塞瑞丝跟一匹斗牛场的马混成一堆,被一头野牛撕裂,野牛身上刺着一把剑。

夏天到了,毕加索再次带着玛丽·塞瑞丝出发,这次他们遍游了西班牙北部。若是别的人,例如高更,很可能就会留在巴塞罗那或其他任何能让自己平静的地方;但毕加索却是个惯性的动物,一个习惯的日常生活方式,不管多么令人不快,对于他的工作是必要的。虽然巴黎意味着混乱、激烈的争吵、不快乐,而且现在已不可能再隐瞒下去了。他还是回到了巴黎。

玛丽·塞瑞丝怀孕了,而在 1934 年与 1935 年之间毕加索和奥佳的关系也濒临破裂,他开始谈到离婚。毕加索从无离婚的经验,西班牙在共和政府成立以前根本没有这种制度。离婚这件事

一般人都知道是很困难、极缓慢,而又昂贵的,并且还得有充分的理由。毕加索看来并没有适当的理由,但仍然提出了诉讼。

当他听取了别人的法律忠告后,他发现自己的情况复杂无比,既然西班牙以前一直没有离婚制度,因而在法国法庭完全了解西班牙当前的状况之前,他也不可能在法国离婚,尤其奥佳又强烈地反对这件事情。当他终于发现完全的离婚在此刻是不可能的时候,就开始考虑合法分居。他的律师告诉他分居不只包括人的分开,还包括财产的分配,于是这场纷争达到了新的痛苦高峰。

如果把毕加索的画都算作财产的话,总计起来的确为数颇大。奥佳和她的律师当然希望是这样,于是很急切地请来了法院的封条贴在毕加索的画室门外,使他在案子结束之前没法碰到自己的作品。1935 年 7 月,在奥佳终于直接与他谈判并离开他之前,他已经遭到了无可估计的精神损失,尤其是整个过程中律师们不断地窥探他,侵入他一向重视的私生活。

少女的脸

最后他的画没有被夺走,但却花去相当大的代价:奥佳得到一笔极大的津贴、博易杰洛普的房子,还有保罗的监护权;而毕加索则保留了波提街的寓所以及他的画作。虽然他的个性倔强,虽然他狂怒地反对被迫失去自己所拥有的一切,他却不是奥佳和律师的对手。

在这一段漫长而纷乱的可怜日子里,有几件事使他很感安慰。其一是他和玛丽·塞瑞丝的女儿玛丽亚·康赛普琼的出世,他把她叫做玛雅,并且十分疼爱她——她是个最美丽的小女孩;另一件就是他的老朋友萨巴提斯的来访。

萨巴提斯在拉丁美洲做了 1/4 世纪的报人之后回到了西班牙。毕加索在 1935 年 7 月 13 日写信给他:"房子里只有我一个人。你可以想象到发生了什么事以及还有什么事在等着我。"秋天的时候,毕加索已经经历一部分在等着他的那些事情,再度写信给他,要求他和他的太太到波提街来和自己同住。萨巴提斯和毕加索在 1904 年于巴塞罗那分别后,却在 1935 年的巴黎相聚,他们见面的时候,中间那些分离的岁月好像从来没有存在过一般。

牛首人身怪物和垂死的马

当时,毕加索与奥佳的案子还没有定下来,各种文件、律师的书信仍然会大量涌来,无休止的争论与无法推卸的见面越来越多。像他这么一个有创造力的人几乎到了穷途末路,1936 年里他完全没法作画。

　　"他不再到楼上画室去，"萨巴提斯说，"他只要一看到自己的画就会发疯。"

　　"我再也忍受不了！"他日复一日地对萨巴提斯说，"你看得出来这算哪门子的生活。"

　　经历了过去的困扰，面对着现在的苦恼，又对未来感到恐惧，他下定决心，为了忘却一切，他要离开巴黎，并打算永远不再回来。

　　1936 年 3 月 15 日那一天，萨巴提斯在里品车站目送毕加索离去，他的目的地是璜列平斯。

以艺术为武器

无论我在失意或是高兴的时候,我总按照自己的爱好来安排一切。一位画家爱好金发女郎,由于他们和一盘水果不相协调,硬不把她们画进他的图画,那该多别扭啊!我只把我所爱的东西画进我的图画。

——毕加索

毕加索
Byjasuo

《葛尔尼卡》

毕加索常常从璜列平斯寄信给萨巴提斯。他现在一天睡十一二个小时，他放弃了绘画、雕塑、木刻，把全部的时间都用来唱歌，而且萨巴提斯送给他清洗画笔的布他很喜欢。这些信有一种故作诙谐的语气，好像毕加索收起了他的自信，退缩到完全的隐私

拉着手推车的人身牛头怪

里去了，萨巴提斯发现很难猜透他朋友的心里在想些什么。

毕加索在璜列平斯可能是单独一个人，也有人说玛丽·塞瑞丝跟他在一起。不管是不是这样，毕加索和他的画布之间的障碍消除了一点点——容许他作极少的几幅画。当毕加索在5月中回到巴黎，萨巴提斯终于说服他把这些画作拿出来看之后，他取出一些素描，有的上面着了颜色。一个人身牛头怪，看起来很高兴，拉着一辆小手推车，上面载着一匹垂死的雌马和它新生的小马，捆绑得很仔细，一个灯笼挂在它的前腿上。另外一幅中的人身牛

头怪巨大狰狞,正把一匹憔悴的白马从一个黑洞穴背到一个有光的洞窟,这个洞中有一个头上戴着花的金发少女。另外还有一幅半人半羊的牧羊神静静地坐在一张桌上。萨巴提斯的语言、象征方法等等观念都与毕加索很近似,看了这些远比他所收到的信更容易懂的画之后,他明白大海的水也洗不净他朋友灵魂的苦痛。

然而日子渐渐好起来了,这时的作品给毕加索很大的快慰。毕加索和许多朋友经常在"杜克·马果"会面。一天晚上他和萨巴提斯到了那儿,看到一位年轻女士脱下她优雅的刺绣手套,把她的一只手平放在桌上,手指张开,然后用一把尖刀刺两指之间的桌面,她的准头并不很好,因而每一次失误都会有血流出。

在"杜克·马果"里面,特立独行的人物并不罕见,但像这样明显的美丽和智慧的组合实在不多。毕加索十分着迷,于是就用西班牙话把这感觉告诉萨巴提斯。那位年轻女士蓦然抬起头来——她在阿根廷住过,懂得那种语言。她是朵拉·玛儿,毕加索的一些朋友都认识她,可是他们从前居然没见过面。

朵拉·玛儿是毕加索所遇见过的女人中最聪明的一个,她是一位南斯拉夫建筑师和法国女人结婚所生的女儿,当时全家正定居于巴黎,1936年时她是一个职业摄影师。从任何标准,尤其是毕加索自己的标准来看,她都是一个出奇好看的女人,黑头发、淡蓝绿的眼睛、椭圆的脸蛋、上颧骨相当高,有着高贵、出众的仪态和一双极美丽的手。她的美丽由于她所拥有的智慧而更加光华四射。

朵拉·玛儿当时与双亲住在家里,她和毕加索并不常见面。直到盛夏来临的7月,正当巴黎人全都拥向南方避暑的时候,却从西班牙传来惊人的消息——内战爆发了。

住在巴黎的西班牙人反应非常激烈,一夕之间,连那些在巴黎住得久到连思想都用法文的人们,也再度成了情绪激昂的西班牙人;而他们之中几乎没有人认为有任何妥协的余地。毕加索的朋友中从天主教保皇党一直到无神无政府主义者都有,每一个人都认为自己的立场正确,事情黑白分明,很少有人持着无所谓的态度。虽然毕加索一度好像表现得与政治无所牵连,但是当事情重大得必须把他自己的祖国列入考虑时,他的决定是响亮、坚定,而绝不暧昧的。他宣布拥护共和政府。

他的支持具有极大的意义,因而西班牙政府任命他为普拉多博物馆的指导。但这时候半个西班牙已经落在佛朗哥的手中,他的军队离马德里只有 20 英里,并且在 8 月轰炸了这个城市。普拉多的半数珍藏都迁到了瓦伦西亚。毕加索能否去执行他的职务很有疑问,但他还是做了他所能做的一切,用他的武器也就是他的绘画、他的名声来谴责法西斯主义。整个世界都在他后面支持他不断地对法西斯主义者作坚决地谴责。

朵拉·玛尔

不过在 1936 年,他似乎没有什么用武之地,普拉多的作品目前比较安全了,加塔洛尼亚尚未被波及,巴塞罗那的叛变已被镇压。他也到南方去度假,地点是莫金斯,有一些朋友也在那儿,另外还有更多的朋友分布在沿海的不同地区,朵拉·玛儿是其中之一,她和朋友在圣卓皮兹度假。

他把她带回到莫金斯,住在"大地平线"——一家可爱的小旅馆,里面有许多非常漂亮的女侍。秋天的时候他们北上,还带了其中的两个女孩,到波提街替毕加索烧饭与照顾家务。

波提街的画室现在还留有奥佳的封条的不快回忆,不过正好渥拉德前一阵子在特伦布雷的乡下买到一幢有大花园和一个谷仓的老宅,他把谷仓改成一间大画室,并于 1936 年的后半年将它供毕加索使用。毕加索十分高兴,他喜欢那儿的宁静,喜欢那种隐秘,于是每周都要坐车去上三四次,开始画一系列极令人激赏的静物。

1937 年里一切似乎都很好,奥佳已经成为过去,他很喜欢玛丽·塞瑞丝和玛雅,而跟朵拉·玛儿在一起又极快乐。朵拉·玛儿并没有跟他住在一起,但是她帮他找了一间很大的画室,让他在巴黎也能工作,而她后来也从家里搬出来,住到沙佛街的一间寓所去,这屋子就在那间画室附近。在朵拉·玛儿以及西班牙战争的刺激之下,毕加索又恢复了他正常的作画产量。

但是西班牙方面的战局发展很不好,虽然对马德里的直接攻击已被街道上和大学里惨烈的肉搏战所击退,但各强国的不干预政策越来越像是一场丑恶的闹剧。法国和英国可能是出于糊里糊涂的好意,但却在文字的迷阵里搅得晕头转向,而在同时,希特勒和墨索里尼竟不断地把兵力投入到法西斯主义的一边。到了现在这个地步,佛朗哥的军队中已经混入了大约 1 万名的德国士兵和 4 倍多的意大利军人。这些都是严格训练的正规军人,而且在德国军队里更有不少空军指挥官及飞行员,急着要在活靶上增进自己的技巧,并试验他们的新武器及新战术,以便为即将来临的更大战争做准备。

毕加索情绪激动地写了一首诗——《佛朗哥的梦与谎言》,是一首超写实主义的诗,并且加上蚀刻的插图。这整套的东西显现出一种隐藏的紊乱、无理和无意义战争的残酷,以及毕加索不止对战争,还有对右派价值的极端排斥与憎恶。

当时,毕加索的出生地马拉加正经历着有史以来最恐怖的一场梦魇。在战争的初期,马拉加及其附近的地带是佛朗哥地盘内的一块共和政体属地,与其他共和国土地之间只靠临海的公路相交通。1937 年的 1 月中旬,攻击开始了,到了 2 月初,法西斯主义者,包括9个营的意大利军队以及武装的车辆和坦克,开进了这饱受炮击、轰炸的残破城市。最野蛮的蹂躏立即展开,死亡一直延伸到阿美利亚公路上,因为装甲部队和飞机在那儿遇上了数以万计的难民潮。

海滩上的女人和孩子

消息传到巴黎的同时,毕加索正在画一幅最冷静的"骨骼"新作,一个女人坐在海滩上,正从她的脚上拔出一根海胆的刺。愤怒隐藏在毕加索心中,并在消息传来之后不断地高涨着,可是一时却找不到宣泄的路径。等到过了数周,另一个大悲剧发生之际,才全部爆发出来。

3月或者4月里,毕加索搬到了格朗奥古斯丁街去,那里的画室十分大,毕加索想要多少空间都有。就是在这里,1937年的5月,他画了他最重要的作品之一,这可能是他一生中最伟大的一幅画。

4月26日,佛朗哥指挥下的德国飞机袭击了不设防的葛尔尼卡市,一波又一波的轰炸机投下了燃烧弹和高爆炸弹,并用机枪扫射街道,从下午4点30分一直持续到傍晚。全城的7 000居民中,被他们杀死的就有1 654名,受伤的有889名,整个城市完全被毁坏了。

海边的女孩

较之第二次世界大战后期，长畸和广岛一夕之间为数几十万的死伤率可能不算什么，但在1937年，它却震惊了整个世界，这是一次对人民残酷而有计划地毁灭，是野蛮行为的极致，而且是黑暗对光明的胜利。独立的通讯员和摄影记者都在现场，虽然法西斯主义者宣称是葛尔尼卡的居民自己用炸药把城市炸毁的，却没有人动摇过对真正发生的事情的认定。消息很快传出，确实而可信赖，并在4月28日传到了巴黎。

这次毕加索马上有了反应，并且整个投入到这种反应中，而他反应的方式当然是绘画。5月1日他画了五张草图，三张上面各有一个单独的形体，另外两张则是他当时所思所想的组合。从那时开始到6月中旬，他发狂地工作着，并腾出一些时间来写一篇仔细考虑过的声明，这篇文章的开始是这样写的：

西班牙的战乱是反动势力对抗人民、对抗自由的争斗。身为艺术家，我的一生只不过是一场抗拒反动势力、抗拒艺术的死亡争战。我如何能想象，即使只是片刻，我会同意反动势力和邪恶？……在我现在正在从事，而且将被命名为《葛尔尼卡》的这幅画里，我明白地表现出我对那些把西班牙投入磨难与死亡之海的军事阶级的憎恶。

在他沸腾的愤怒与痛苦之中，他的工作却是小心翼翼地。《葛尔尼卡》并不是在一天的激情之中一挥而就的，它是数星期持续紧张的结果，像他其他的伟大作品一样，在开始动笔之前先有大量的研究，务必要把他的情感、原先观念中的全部力量，集中到一点。这将是他对邪恶的控诉。而如果他要成功的话，他必须完美无瑕地运用他的艺术武器。

葛尔尼卡

这是一幅巨大的画作，近 7 米长，4 米高。但是使人震撼的不是它的尺寸，而是它本身表现出的含有大量感情的世界。人们不会注意到它缺乏色彩，因为黑色、灰色与白色本来就很适合这个死寂的世界，死寂而又充满了哀号—— 一种属于极度的哀伤，属于灾难、属于炸弹爆发之后片刻的令人窒息的死寂。

在画面中央的上方，一个电灯泡从像一只眼睛的阴影中向外发着光芒，它的下方蹒跚地站着一只瘦高的马，它尖叫着，一只长矛的残柄穿过它的背部，尖端从侧面穿出。马蹄下有一个男人的尸体，像塑像一样地碎成片片，有着清晰的裂痕，一只手臂伸向画面的左端，另一只手紧抓着一把破碎的剑，这把剑碰到了一朵正在生长的小花。在马的右上方，一个女人的头惊恐地由一扇窗内伸出，她的长手臂提着一盏油灯，几乎碰触到那马的头部，照亮了一个边缘很清楚的区域，包括了那匹马的胸部，还有另一个女人的上半身——她半裸着，痛苦地向中央移动，拽在身后的腿伸展到了画面的右边下缘。在那匹马左边的黑暗之中，一只巨大野牛

毕加索
Bijiasuo

的头部、肩膀，还有一只腿，危险地出现在这光亮地带，同时在牛下方的左边一个蹲踞的女人哀号着，两手之间夹拖着一个垂死的婴儿。她的呼喊受到极右方另一个女人的呼应，那个女人陷在燃烧的瓦砾中，她白色的手臂向上伸展，她白色的头部在同样酷烈的痛苦中向后仰举。那匹野牛威吓性的头部后方，隐隐约约地有一只鸟——鸽子或鸡或鹅，总之是一只家禽在黑暗中向上方哀鸣。

所有的人都同意这幅画基本上是对战争的罪行、残酷、仇恨，对无辜者屠杀等等事情的谴责，但再作进一步地分析，意见上就有了分歧。许多人把《葛尔尼卡》看作是单纯地对西班牙法西斯主义者的控诉，但也有些人诽谤它仅仅是一种宣传。这当然是错误的看法，毕加索的确谴责佛朗哥，但在《葛尔尼卡》中他把他的抗议提升到了更高的层面，使它成为对所有战争、对所有压迫的一种激情呼喊。

如果我们相信毕加索自己的解释，把野牛当作是野蛮与不人道，而把马当成人民，那么《葛尔尼卡》的讽喻就涵盖了极广泛的范围。这罪行不再限定于法西斯主义者在西班牙战争中所做的单一事件，而是所有武

被刺穿的牛首人身怪物

力的残暴邪恶的愚行，那么这幅画就是对它们所造成的举世磨难的巨大抗议。这画也可以不看作是道德上的谏诤，而视为一个绝望的断言，也就是说不会有胜利，双方都注定要失败，最后将只剩下一片荒芜的战场，充满仇恨，完全没有规范、艺术与人性。毕加索在画《葛尔尼卡》的时候做了一些剪贴的试验，他用纸剪了一漏带血的泪，在图上各个角色的脸上移来移去，从一个换到另一个，而在那头野牛的脸上逗留得最久，好像它也应该与其余那些角色

受到一样的怜悯。最后他放弃了那漏泪，但还是对诗人荷塞·波加明说："我们可以把它收在箱子里，至少每个礼拜五把它拿出来一次，贴在野牛的脸上。"

也许艺术跟政治和道德都没有关系，但它却绝对和真实与虚假之间的分辨有关。在某种层次上，美学的真实与虚假，光明与黑暗的关系是相连属的；当这两者并列在他面前的时候，毕加索会站在哪一边是毋庸置疑的。

战乱的时代

当毕加索在 1937 年夏末到南方旅行时，并没有把《葛尔尼卡》抛在脑后。这个主题留了下来，放在了他脑海中，而在此后数个月中，他画了或刻了许多的补遗，每一件都直接跟主画有关或具有相同的精神。他在画《阿比南少女》之后也做过同样的事情，在 1907 年时他所考虑的仅止于美学上的问题，但 30 年后的今天，却是整个的体制，在其中绘画或任何其他精神活动有无意义都成了疑问。西班牙战争显然是一个更可怕战乱的前奏，就像米契尔·莱利士所说的："两个黑白的长方形里……毕加索送来了我们的哀悼信——我们所爱的一切都即将死亡。"

这一年夏天的目的地仍然是莫金斯，这是一次很愉快的假期，不但阳光明媚，而且有朵拉·玛儿陪伴着，沿着海岸更可以遇见许多朋友，马蒂斯是其中之一，毕加索常去看他。不过到了1937 年的秋天以后，紧张和焦虑就开始充满了他的作品。西班牙整个北部都失陷了，虽然马德里仍未失守，但是全国的 2/3，包括巴斯克的工业城市和阿斯杜力安的煤矿，都落入了佛朗哥的手中。

1938 年夏天，毕加索仍旧是在莫金斯度过的。同样的海洋，同样的阳光，同样的友伴。不过太阳蒙上了阴影。9 月的时候德国和捷克斯洛伐克之间的争执忽然升级为一个可怕的危机,经过西方政客几天的热烈却没有结果的折中之后,所有的人都知道一场大战是在所难免并且迫在眉睫了。整个欧洲都武装起来了,法国开始动员大量的军队,男人都从海滩上消失了,绵延无尽的军队开始各就各位。毕加索十分心慌,当消息变得更坏时他收拾了一切东西,连夜赶回了特伦布雷的幽居。就在这个月的最后一天,违

自画像

背了所有人的愿望的"慕尼黑协定"签署了,它背叛了1000万的捷克人以及斯洛伐克人,奉送了纳粹德国又一处的高效率军备工业,并且使战争变得不可避免。张伯伦飞回英国宣传说,他为他们带回了"光荣的和平"。

1938年末,西班牙内战的漫长苦痛已接近尾声。在荒凉的马斯特拉斯哥野外的惨烈战事之后,共和国军队丧失了7万人,开始节节败退。通往加塔洛尼亚的公路已经完全敞开,在1938年的圣诞节时,佛朗哥军队的主要攻势开始了。共和国军队寡不敌众,弹尽援绝,几乎完全没有装甲车与飞机,以越来越快的速度被赶往北方,撤退变成了溃逃。1939年1月26日,巴塞罗那失陷了。普拉多的珍藏一卡车一卡车地运入巴黎境内,数天之后,佛朗哥的军队就抵达了边界,把50万难民和败兵驱入中立区,这些人就被拘留在那里的露天难民营中。在战争结束的同时,毕加索的母

亲死了,当时她仍然留在巴塞罗那,享年 83 岁。

从战争一开始的时候毕加索就一直用他的绘画,他的公开声明,还有他的钱来支持共和政府。1939 年早期的一份政府刊物说他一共捐出了 30 万法郎,另外有一位官员说是 40 万。毕加索是一个十分节俭的人,这样一笔钱至少相当于他两年的生活费用。但这些法郎还只是捐给公家机构的数目。1938 年的 12 月中,他曾设立两个儿童供食中心(共和国的食物短缺得厉害),一个在巴塞罗那,另一个在马德里,开办的费用是 20 万法郎。虽然在过去 20 年来他颇有入息,虽然他的画只要他舍得卖,销路都很好,但他的收入比起当前的支出却是微不足道的。他另外还得负担奥佳的优厚赡养费,并且养活他的子女和一些下人。他发现钱不多了,因而被迫卖掉一些自己想保留的画作。

女孩和玩具船

接着,当难民拥入法国之后也有很多人来向他求助,从来就没有一个空手而返的。有个典型的例子:1939 年 2 月,一群卡达浪作家从他们的拘留营逃出来,到了波庇南。他们在那儿找到一家餐馆,肯让他们赊几天账,然后一群人便睡在车站的候车室里。几天过后,餐馆老板提出了账单,但是共和国的钱已成了废纸,而他们身上没有任何其他的钱,他们真不知道该怎么办。其中没有

毕加索

Bijiasuo

131

人认识毕加索,但有一位曾经写过一篇关于他的文章,因此餐馆老板给毕加索发了一封求助的电报,但他不抱什么希望,因为彼此根本就不相识,而且也没有身份的证明。第二天,援助电报送来了钱,足够付清账单,为所有 6 个人买鞋子和衣服,并把他们全送到托洛斯,而且还能剩下一些钱。

另外一个例子是有关雕刻家雷布尔。毕加索买了他的两件作品,并且在自己的住所为他举行一次展览。此外还有许许多多的这类事件,不胜枚举。

1939 年 7 月初他和朵拉·玛儿出发到安提比斯去,萨巴提斯在几星期后也前去与他们会合。一切安顿下来,看来毕加索可以马上开始工作了,但在这个月结束以前的一天清晨,毕加索匆匆跑去敲萨巴提斯的房门,因为渥拉德突然死了。毕加索虽然对有关死亡的事又恨又怕,但还是连夜赶回巴黎,参加了他朋友的葬礼。在波提街逗留数天之后,他又和萨巴提斯一起赶往安提比斯。

回到安提比斯之后,毕加索还是没有办法马上开始工作,首先他和萨巴提斯游览当地,再来就是他的两个外甥找到了他,他们是他妹妹罗拉的儿子,在加塔洛尼亚沦陷的时候逃进法国,并且躲过了拘留。他们带给他很多的快乐、家庭的温暖,还有巴塞罗那的消息。他们家在整个月的轰炸中并没有被毁,而他们的父母都安好。

终于,毕加索觉得自己再这样无休止地闲散下去实在不是办法,他到尼斯去买了一整卷画布,由他和萨巴提斯一起把这些布钉在画室的四壁上。一切准备妥当了,他现在可以画任何脑袋里涌现的东西而不必考虑尺寸的问题。

他立刻活力十足地开始工作。最初的想法是画一些他想画的东西,然后把它们切下来分别装裱,不过这主意已经被抛到九霄云外了,因为现在的这一主题重要到必须估尽全部的可用空间。灵感来自一个炎热的晚上:他和朵拉·玛儿以及另一位年轻女子,于晚饭后在安提比斯闲逛。他们走到码头,一面吃冰淇淋,一面看着黑黝黝的水面上乘小船的渔人点着电石灯诱捕水中的鱼儿。

这就是他在此后平静的数星期中从事的作品《渔人》，后面是漆黑的城镇，两个站在码头上的女孩，每人牵一辆单车，手上一支冰淇淋甜筒，月亮，还有那照耀着渔人和游鱼的电石灯火。不过文字上的描述跟毕加索

渔 人

所用的"语言"当然是两回事，例如正舔着冰淇淋的那个女孩，舌头就是蓝色的，而且像针一样尖，月亮也带着绿色斑点、橘色螺旋纹，在方形的光晕中闪耀着。这幅画足足有 75 平方英尺大。

在日益紧张的世局，在德国和意大利尖锐好战的叫嚣声中，他为自己安排了一个有规律的夏日，到南方避暑去了。没想到，这时传来了惊人的消息——纳粹德国占领了法国。

毕加索一向害怕无可预知的未来以及那种周遭环绕着的威胁气氛，但是当这种威胁成了眼前的真实状况时，他却出奇地无动于衷。当时的实际状况是法国已经被占领了，秘密警察到处搜寻犹太人，而他也被怀疑有部分犹太血统——他的作品在所有纳粹占领区内都被查禁。他曾公开而且坚定地表示反对法西斯主义，使希特勒的朋友佛朗哥十分痛恨他。他认识而且喜欢许多共产党员，而且他自己也被认为是其中的一员。当时的情况空茫而又灰暗，法国已在纳粹铁蹄的占领下，成立了傀儡政府，这个国家的政权让他既憎且怕，他最好的选择是逃往美国或墨西哥，或者像马蒂斯一样到巴西去，当然，到未被占领的南部地区也行。

不过，这只是短暂的一阵子而已，很快地，一种奇怪的欢乐感觉又回到了毕加索身边。8 月 15 日，他画了一张迷人的、色彩鲜艳的《罗扬酒馆》，有着阳光下亮丽的遮阳棚，前方是海洋和灯塔，愉悦和蓝色填满整个画面。然后他开始收拾行李，在 8 月 24 日动

身回到巴黎。

远处的马蒂斯也有类似的反应：他正在边境上，口袋里放着护照，热那亚的轮船正等着把他载到里约热内卢。但是，情形就像他写信告诉他儿子一样："当我看到人群队伍永无止境地离去，我连一点要走的欲望都没有了……我忽然觉得自己像是一个逃兵。如果所有稍具价值的事物都跑掉了的话，法国还会剩下什么呢？"

法国对马蒂斯和毕加索来说代表着不同的意义：虽然毕加索终其一生都是彻头彻尾的西班牙人，但法国，特别是巴黎在他来说仍然意味着光明、自由与活生生的艺术，唯有这一永恒的境域，超乎一切国家或地理的分界，才是他爱国之心归依之处。

艰辛的岁月

冬天到来时，巴黎成了一个寒冷而饥饿的城市。虽然德国人奉令要"行为正当"，且他们之中许多人有一阵子表现得相当文明，但是礼貌却掩饰不了他们的贪婪。从占领一开始，燃料、食物以及值钱的东西就源源不绝地向北流入德意志。冬天里，一个新成立的抵抗组织开始活动，因而使德国人的态度更加蛮横起来。

抵抗活动的形式不可胜数，有高度专精的斗智和武装攻击，包括精神上的反抗——反对当局的种种文章、刊物、绘画。德国占领当局和维希政权把蓄意破坏机器、补给和武装活动，帮助、安慰、隐藏犹太人和反抗分子及嫌疑犯，或从事黑市交易，都被视为敌对行动，加以镇压。

毕加索没有尝试武装反抗，也不曾与任何情报网有直接接触，不过他用了许多其他相当危险的方式，而且大部分活跃的反抗首领们都认为他绝对可靠。黑市交易在此时被视作一种爱国的义务,毕加索全力支持他们。他马上找到一家黑市餐馆,而且为自己的雕刻找到一处违法的青铜来源;不过在巴黎还没有人神通广大到能弄到黑市的电或者瓦斯。全巴黎的人都感觉寒冷,不过由于很少人住在像毕加索住的那种17世纪谷仓一样的大房屋里,因而也没有什么人比他更冷。

毕加索是一个西班牙人,他能忍受几乎任何程度

曼陀铃和竖琴

的不适与寒冷,但却极需要友谊的照耀和关怀。他的朋友们现在分散到四方,有的去了美国,有的回到西班牙。狄伦和佛拉明克是留了下来,但他们还不如没留下来的好:他们拍德国人的马屁,享受特权,还到德国去访问。后来,当战争变得更黑暗、更残酷,而且更悲哀的时候,毕加索跟他的许多犹太朋友一样,闭门不出,在家中作自己的画。因此1942年以后酒馆里就很少看到毕加索的影子。

他的寂寞因为朵拉·玛儿和萨巴提斯的陪伴而减轻不少,此外还有住在圣路易斯岛小寓所的玛丽·塞瑞丝和玛雅,他至少在每星期四——玛雅从学校放假回来的那一天去探望她们一次,星期天的时候也常常会去。

1941年到1942年之间,他重新拾起了雕刻,这与其说是因为内在的需求,还不如说是因为冬天的酷寒。在他那间大画室里,毕加索的双手因为太僵冷而无法拿起画笔。浴室是唯一能获得一点温暖的地方,润湿黏土的水唾手可得,在这窄小但起码有点

温度的空间里,他顽强地工作着。

1941年末日本偷袭珍珠港,美国的宣战似乎使欧洲战局呈现了新希望,然而1942年开始时情况却很糟,德国军队深入了苏联腹地,而日本在东南亚地区势如破竹。

1942年整年内——事实上是在整个战争中,毕加索的大部分画作显示着一种严肃、暗哑的色调,而且主题常围绕着食物在打转——用一条大鱼做成的帽子,上面有刀子和叉子、鸡蛋、水果以及一只鸽子的静物画。一个明显的例外是一幅吉他和斗牛士佩剑的静物,这是在4月画的,画的用色,尤其是剑柄上的鲜红色非常明亮,但是那强烈的蓝色、绿色

两个裸女

和紫色把愉快的感觉都吸光了。虽然用了朱红和黄色,这幅画也并不快乐。

那一年的夏天,德国人和法国警方开始了他们在巴黎的大扫荡,在1942年的7月和8月间搜捕了成千上万的人。并且大流徙也开始了,整火车的反抗分子、共产党员、犹太人、嫌疑犯被运往各大集中营,其中有不少是被人诬告的受害者。枪杀人质的行动很早就开始了,但现在仅是8月和9月两个月间在巴黎郊外就杀了200多名。

这是一段人心惶惶的时期,只要一通匿名电话或者一封黑信就可以在深夜里把秘密警察引到家门前。而这也是德国人最常光临毕加索住处的时候,他们来盘问他的犹太朋友是不是待在这儿(他们明明晓得不是),还有他自己是不是犹太人,然后他们会

搜查整个房屋。他们对付毕加索可说是"行为正当"，然而毕加索一向很小心地把所有文件准备齐全，以免被他们抓着把柄。也许因为无知或顾忌他的盛名，秘密警察并未像对许多别的人那样对他勒索、压榨。

并不是所有来拜访的德国人都是来搜查的，有些是半官方的中间人，向他暗示种种特权，如煤炭和额外的口粮；另外一些人则自称是艺术爱好者，他们的奉承对毕加索不屈的冷峻毫不起作用，他们从他那儿什么也没得到，除了《葛尔尼卡》的

和平鸽

明信片。他把这些放到他们手里，嘴里说："纪念品，纪念品。"

有一个故事是关于德国大使阿贝兹的。有一天，阿贝兹来拜访毕加索，为了想使自己显得讨人喜欢，他看着那幅伟大画作的复制品。

他说："原来这就是你画的，毕加索先生。"

"不！"毕加索回答，"是你画的。"

这个故事未必真确，不过在当时却流传得沸沸扬扬，显示了毕加索受敬重的程度。即使是最恶毒的诽谤口舌，也从来不曾指控他对德国人或维希政府有所屈服。

也就是在这个阴郁的夏季，毕加索开始为他的一座铸像起草，这件作品就是《抱着羊的人》，他最初考虑过几种不同的形式，像木刻、石版或是绘画；然而当他进一步沉浸在这主题里，草图的数量也越来越多——一共有上百张时，他看出这件物品必须无窒碍地立在空间中，它必须得是一尊雕像。不过一直到年底以前，他都没有着手去找所需的大量黏土，跟所有其他物品一样，这种东西在战时是很难弄到的。

　　1943年是有希望的一年，但是对巴黎来说，这种希望十分渺茫而且纯属理论。当然，盟军在1942年末登陆北非，但两天之后德国人就侵入南区，占领了整个法国，而且随着反抗组织的活动，镇压行动也日益加强。食物甚至更为短缺，常常会停电，毕加索只好像年轻时那样靠着烛光来工作，而瓦斯的火焰也微弱不定，有时完全熄灭。一个多月以来，毕加索都在制作那座用来支撑黏土的金属骨架，他已经把整个大于真人的架构安排妥当，现在只剩下最后的细节了。他早就准备好黏土，不过他还是让那些金属棒站在那儿，等待他观念的完全成熟。

　　而后，在这寒冷、黑暗2月的一天，就在战争看来好像永无休止的同时，他开始工作。他十分清楚自己要做的是什么。他不需要模特儿，所有细节，甚至连羊鼻子的弧形都好好地装在他的脑袋中。而在不可思议的速度下，一座不像毕加索过去或未来任何作品的伟大塑像成形了：一个高而有力、瘦削、秃顶、有胡须的中年男人，他的一双腿又长又直，大脚牢牢地抓紧地面，抱着一只要刘毛的大绵羊向前行进。他那平衡自己体重时的姿态是如此完美的直接，完美的简洁。那只绵羊也是一样，它把头扭向那人的外侧，就跟真的绵羊在人的手臂中的动作一样。他的右手放在它的臀部下方，托着它；他的左手抓住它的脚，像欧塔的耕农；他的脸孔肃穆、坚定，不知道自己有多么高贵。

自画像

　　毕加索马上把这塑像做成石膏模型，可是只要有德国人在就不可能找到足够的铜来铸它，因此《抱着羊的人》就一直站在他的画室里，易碎而雪白,直到战争结束。当时有很多人去看过这尊塑像,虽然对于它直接的含义或隐藏的象征意义有许多不同的意见,但却一致同意这座塑像代表了一种对希望的声言,对基本尊严的信心,而在这两者都欠缺的时候,它赋予了那些看到它的人们以无限的勇气。

1943年中,整个世界开始改变。德国人被赶出了北非,也正在苏联做全面撤退,盟军已经深入意大利,而墨索里尼的军队正濒临瓦解。在法国,抵抗组织惊人地成长,不断骚扰德军,送出军政情报,并且利用各种可能的方法来维护国家的精神,当然包括了秘密刊物。在巴黎,明显的文化艺术交流活动也恢复了旧观。

女人与花

毕加索的内在世界此时正因为一次邂逅而更加欢欣。5月的一个晚上,他和朵拉·玛儿以及其他一些朋友在卡达浪餐馆吃饭,他注意到另外一张桌上坐着两位好看的年轻女孩,正和他认识的一个演员在一起。他拿起一碗樱桃,走过去请求那个演员朋友为他介绍。两个女孩说她们是画画的,于是他邀请她们到他的画室来。后来她们果真去了,第一次两个人一起去,第二次只有其中一个女孩去,她就是弗兰柯丝·姬洛德,当时21岁,出身于富有的中产阶级家庭,正在主修文学和法律,同时还学绘画。6月的时候,他们的关系尚未进展到亲密的程度,她只是他生活中愉快的插曲。

1943年9月时,毕加索的精神活泼无比。整个城市都有一种充满希望的感觉——意大利投降了,苏联红军已经推进到了第聂伯河,盟军随时可能出现在法国,他们正投下大量的武器装备给抵抗组织,并且日以继夜地轰炸工厂、铁路、火车集结场、军事设施。

冬天到来时,毕加索旅行到圣本诺瑟罗去探望麦克斯·杰克卜。他从 1936 年就开始住在那儿修道院的左邻。毕加索发现他的朋友老了,而且十分悲伤,他的哥哥和妹妹因为是犹太人而被逮捕,他自己倒是不害怕,有信仰一直支持着他,给他一种不凡的内在力量。现在他的精神又振奋起来,把自己作的胶彩画拿给毕加索看,两人谈着从前共用一张床的往事以及其后所经过的无数日子。

杰克卜一向宣称自己有潜在的预知未来的能力,他为朋友看手相,用纸牌帮他们算命,还送他们幸运符。当然在某种程度上他是在寻他们开心——他从来不能抗拒一场大笑,不管那要花去什么代价。但是现在,毕加索离去后不久,他在教堂的访客簿上故意写下自己的死亡年代:麦克斯·杰克卜,1944 年。

裸体梳妆女

1943 年 11 月的巴黎,地下抵抗组织准备随时发出致命的一击,盟军即将登陆的谣言满天飞舞;德国人正从所有的前线撤退下来,但是却像一头困兽一样紧紧地攫住法国不放,准备在被制服之前做出最大的迫害。流徙和处决的人数增加了,可怖的列车不断向北边拥挤的集中营开去。

1944 年 2 月 24 日,麦克斯·杰克卜被逮捕,送到了德伦西—— 一个往更大集中营途中的第一站。消息一传到巴黎,柯克多就马上拟了一份陈情书,而所有其他的朋友也都运用他们的一切影响力来使他获释。

不过即使这一切能打动德国人的同情心,也已经太迟了。在寒冷、潮湿、污秽的小室中,麦克斯·杰克卜染上了肺炎,于 3 月 5 日去世了。他当时 67 岁,是一个完全无害而温和的老人,一个跟所有同辈一样杰出的诗人。遗体在犹太仪式中下葬,他的朋友中有足够勇气或热心的都去参加了葬礼,毕加索就是其中之一。

生命在这种时候可说是朝不保夕,许多人决定在他们还有能力的时候尽情享乐。就在这一年,弗兰柯丝·姬洛德成了毕加索的情妇。

1944 年 6 月,盟军在法国的诺曼底登陆了。地下抵抗组织立刻攻击了德军的交通线,占领了一些据点,而向北撤退的德国人一路上更是毫不留情地烧杀。8 月里盟军突进,集中营里面的屠杀也开始了。战事逼近巴黎的时候,无论从哪方面来看,德国人是一定会摧残这个城市,并在被赶走之前清除大部分的人口。

不过德国人低估了巴黎的人民。在德军坦克抵达郊区之前,整个城市都揭竿而起,一夜之间防御工事全都筑了起来,成千上万的男女都参加了战斗,警察、铁路员工、秘书、公务员、抵抗组织的全部成员都出动了,于是一场大战开始了。一批批隐藏的武器全都拿了出来,远比德国人所预期的要多——他们只有乘着坦克才能移动,而即使是坦克也常常在街上被焚毁。战事日益激烈,外出是极其危险的,毕加索有一次只向窗外张望了一下,一颗子弹就从他头边不到一英寸的地方飞过去。不管怎样,在这漫无章法的混战中,他还是出发前往玛丽·塞瑞丝的寓所去,那是在一英里外,战况极惨烈的地区。

在那儿，他为小女儿画了两幅肖像。她现在已是一个极甜美的小女孩儿。日子一天天过去，而战斗仍然猛烈有加，他开始临摹波辛的《牧神的凯旋》。他把这幅画用自己的方式加以改造，工具就是手边现有的水彩和胶彩。他用极度鲜明的色调画着，一边画一边用最大的声音高歌，几乎掩盖了外边重炮的怒吼、玻璃的碎裂声、步枪的射击声，还有坦克的隆隆声。

女主角

这幅画的架构与波辛的原作差不多：满是树木的风景，左方吹着喇叭的人物，前方的花瓶和面具。但是波辛的牧神的凯旋庆功起码还有个限度，毕加索的那一场欢宴却是狂放到极点，一群错综交织的少女、半人羊、快乐赤裸的四肢和身体，在爱与音乐以及大量的食物、水果和酒之间彻底解脱了。

光环照耀下的巨匠

　　当我们以忘我的精神去工作时,有时我们所做的事会自动地倾向我们。不必过分烦恼各种事情,因为它会必然或偶然地来到你身边。我想死亡其实也是一样的。

——毕加索

毕加索
Bjiasac

重展欢颜

　　光复后的法国充满了欢乐,毕加索跟他所有的朋友一样高兴,然而这却是他被囚于个人的神话中,并放逐于凡人社会之外的开始,而且这将是一个无期徒刑。

　　在二战前,他虽然拥有广泛的名声,但这种名声在画廊之外的地方多半只是道听途说而已,当面见到他的人很少能认出他是谁,而他可以像常人一样四处走动。现在一切都不同了,在战时顽强不屈的三个伟大无疵的名字之中,只有毕加索有足够强大外射的气质来承受大众热爱的焦点:羸弱的马蒂斯,现在70多岁了,退隐在远方的汝斯;沉默的布劳格则憎恨社交场合。不只如此,在整个占领期间,曾有许多抵抗组织的人员在毕加索的画室集会,因而这个地方,连同它那不妥协的主人,就成为抵抗力量光明、自由的象征。在战争的混乱中,毕加索到玛丽·塞瑞丝住所去的那段时间,由于人们在画室看不到他,一度盛传德国人终于把他抓了去,并且在撤退中把他当作人质并将他杀害;因而当人们终于找到他的时候,整个世界都为之欢呼雀跃。

　　从那时开始,他的名字就经常上报。光复那一年也就是1944年的10月5日传出了他加入法国共产党的消息,从此他更是举世闻名了。法国的共产主义,在观念上跟莫斯科的大相径庭,而且许多成员都没读过多少关于马克思或列宁的书,只是出于解放祖国以及憎恨资本主义的不平而加入的,因此从某种意义上来说,他们就好像毕加索的兄弟一样,尤其是在战后初期那段意气风发的日子。不过即使是在那时候,他们之中也没几个人能和毕加索讨论绘画,尤其没人了解他的作品是怎么一回事。共产党对艺术的观点,对社会写实主义以及用直接宣传来教育大量群众的主张,当然与毕加索处在相反的极端。

珍妮维叶·拉波蒂当时是个迷人的17岁女学生,不是共产党员,却是学校抵抗组织的一员。她代表学校的刊物来访问毕加索,想请他解释自己的艺术,因为她的同学们对此实在不太了解。

她来到毕加索画室的时候又紧张又害羞,不过毕加索很亲切地接待她,让她坐在一张长椅上,跟她谈她的学校。她把学校的刊物拿给毕加索看,他给她看一些素描,最近的作品,还有早期画作的复制品。后来她终于鼓足了勇气,提到了要点,用很熟悉的几个字开始:"我不了解……"

"了解?"毕加索叫道,"这跟了解扯得上什么鬼关系?从什么时候开始图画变成教学证明了?它不是为了解

自我陶醉的女人

释——解释什么,我的天!——而是为了唤醒观看者心里的感觉。一件艺术作品绝对不能让人无动于衷,绝不能让人瞥了一眼就算。它一定要使人有反应、有强烈的感受,并开始创造,即使只

是他想象中的创造。观看的人一定得从他的麻木迟钝中被急扯出来，被抓着喉咙一阵猛摇；一定要让他觉察到自己生存的这个世界，为了达到这个目的就得先把他从这世界中拖出来。"

毕加索稍微平静一些之后，他告诉她许多前所未闻的有关美学的事：关于美，相关性质，丑恶之美，想象力的主要价值；然后他带着她（她再度脸红起来）走到门外去，并邀请她在文章写完之后再来。

这就是一段如此愉快的关系的开端。她每个礼拜三下午都会来，这段时间她本来应该在上课。他们坐在长椅上，她稚气地喋喋不休，而他则喂她吃巧克力，这是当时法国少见的好东西，一些美国士兵帮他买的。

梦

在这些偷自浮生的半日闲逸之外，他的时间都跟弗兰柯丝·姬洛德在一起度过，或是接待无数访客，或者为西班牙难民奔走，此外他还习惯性地作画，常常工作到深夜。

当与珍妮维叶·拉波蒂的友谊日益增长的同时，他与弗兰柯丝·姬洛德的相处变得更加困难。这两件事之间并没有绝对的联系。对他来说，珍妮维叶·拉波蒂还只是一个可爱的孩子，然而弗兰柯丝·姬洛德却是他的情妇，她已经看到了他个性中暴躁、易怒的一面。

毕加索并不是一生中大部分的时间都在不满或生气，但有时会像火山一样爆发。每一个认识他的人都知道他经常是亲切的，然而狂怒的潜力一直都存在，极少有人能忍受这种狂怒。朵拉·玛儿当然不能忍受，而弗兰柯丝·姬洛德也感到很困难，1945年开始，她就比较少见他，有时离开他一两个星期，甚至两个月。而朵拉·玛儿则根本不去他的画室，只在他约她的时候才与他一同外出。后来朵拉·玛儿甚至有精神崩溃的迹象，这件事使毕加索沮丧、困惑，甚至不知所措——他一直以为别人都像他自己一样坚强。

1945年，夏日来临时，欧洲的战事已经结束了。集中营释放了当中的生还者，这些回到法国的人大多只剩下一把骨头，而且大都患有结核病。毕加索从他们那儿听到的事情，还有他看到的一些照片，使他感受颇深。这几个月中他全部

骸骨的藏室

时间花在一幅类似《葛尔尼卡》的画作《停尸间》上。它也是没有色彩且全部是灰色的，虽然尺寸不到《葛尔尼卡》的1/4，却仍是一幅大作，由于它是灰色的，因而画面显得更大。左边的上方是一张白色的桌子，放着一块起皱的布、一个壶、一只汤锅，可能还有一片面包；下面由左下角延伸到右上的对角线上，躺着一堆散乱的尸体：一个男人、一个女人，还有一个婴儿，全部乱七八糟地叠起来。这幅画并不合大众口味。它的立体派规格，它的扭曲，它的似雕像的平面都是完完全全的毕加索。然而它却是一个直接而非象征的叙述，一个沉默、巨大的谴责。

这一年夏末，毕加索丢下尚未完成的画作，带朵拉·玛儿到南方去。这一次的假期可能有些焦虑的成分，虽然他一直待到秋天，这段时间内的作品却看不到地中海太阳的全部热力。后

来，他在瓦库鲁斯的梅纳比小镇买下一幢房屋送给朵拉·玛儿。

10月底毕加索回到巴黎，11月时弗兰柯丝·姬洛德发现自己没有他是不行的，于是又开始到他的画室去。这个时候，珍妮维叶·拉波蒂已经毕业，而在数个月前毕加索激起了她到美国去的雄心，因而她到宾州的史瓦斯摩去就读了。弗兰柯丝这时的出现当然使他很高兴，她带来了青春与新鲜的气息。1946年2月，她跌断了一只手臂，毕加索带她到南方去休养。回程之前他要求她搬到画室一起住，弗兰柯丝提到他老是跟朵拉·玛儿往来，他保证那已经结束了，而且朵拉·玛儿也明白这一点。他强迫弗兰柯丝一起到梅纳比朵拉·玛儿的住所去，在那儿他逼朵拉·玛儿承认他们的私情已经完了。朵拉·玛儿对毕加索说："你一辈子都没有爱过任何人。你不懂得怎么去爱。"

1946年5月底，弗兰柯丝开始与毕加索同居。7月里毕加索带弗兰柯丝乘车到普罗旺斯去，待了一阵子后又到哥菲璜和安提比斯的海滩去。哥菲璜地方上小美术馆的新任馆长拉索齐尔有一天跟毕加索及他的一些其他朋友在海滩上相遇，他厚着脸皮向毕加索要一件捐赠作品，"当然，"毕加索以一贯的敷衍态度说，"我会去找一张小的。"这似乎是浇了对方一盆冷水，不过一会儿之后他又说："我一直想在真正大的平面上作画，可是老没有这种机会。"

"平面！"拉索齐尔叫道，"你要平面？我倒可以给你一些。"他的确可以，美术馆的整个二楼都是空荡荡的大房间。

毕加索开始了一生中最快乐的一段作画时光。他走进那自给自足的小世界，把房门关上，然后开始在墙上画了起来。每天从中午画到傍晚，从夏天一直画到冬天，想到什么就画什么，蓝色的山峦、羊群、带笑的人脸、长角的半神、少女、渔人、卖海胆的女人、几何状而出奇明亮的裸女，还有许多许多其他的东西。当冬天把他赶回巴黎时，他也只得离开这一切。毕加索并没有正式地把它赠送出去——他讨厌与自己的作品分离，而只是把它们放在一种无主的状态。

生之欢乐

毕加索一回到巴黎就去看他的朋友们,其中包括朵拉·玛儿。除了极少的例外,他从不与以前的情妇失去联系,即使和奥佳也保持某种通讯,而且他也从不曾完全忘了她。毕加索对友谊有着了不起的包容力,他不但是情人也是朋友,当爱情消逝殆尽之后友谊却仍然留存。他与朵拉·玛儿在决裂之后仍然十分友好,而且一直都互相喜欢。

1947年的5月,弗兰柯丝生了一个孩子,她把这男孩儿命名为克劳德,不久之后毕加索就带着他们,连同一位保姆,再度出发到哥菲璜去。

毕加索到那儿去纯粹是为了看看他前一年留下的小玩艺怎样了,然后再回来作更多其他的。他在这时发现一种新的媒介——泥塑(陶瓷),他察觉到了它的潜力,然后开始热切地探索这一领域。夏天过去了,冬天开始了,他制作的盆盆罐罐总数已经接近了两千件,而他仍然在旋转、揉捏、赋形、切割、上釉,并且在他那些已经驯服了的黏土上绘图。

太多的遗憾

19 47年里，毕加索很少在巴黎出现，只在年末的时候待了短短一阵子。到了1948年的2月，他又回到南方，住在哥菲璜，而在瓦劳瑞斯工作。陶瓷依旧是成批地从他手中生产出来：鸽子和猫头鹰，类似古希腊人的形体，绘有他的安提比斯牧神的碟子，另外一些碟子上则是地中海的鱼、野牛、斗牛，还有太阳。各种各样的动物和容器的组合，几乎每一件都有实际的用

镜子前的少女

途。他粗短的双手一向能很快地精通各种工具，而现在这双手就成了工具的本身，他已经完全掌握了这种艺术，而他的一些新奇、怪异的技巧也出奇地成功。有时候他几乎可以达到完全令人满意的绘画、雕塑和拼贴三者融合的地步以及色彩和三度空间的合成，而且其中每一项都具有独立运用的水准。虽然一般来说，他自己所期望的标准并没有那么高，然而他的成就却已到达这种境地。

从前一年开始，奥佳就时常盯住毕加索和弗兰柯丝，她会在街上跟踪他们，有一次毕加索还打了她的耳光。现在她更变本加

厉起来,甚至会跑进他们的住所,跟弗兰柯丝互相又打又抓。当弗兰柯丝告诉毕加索的时候,他似乎并不特别关心,因此她就天天唠叨,一直到他的忍耐到了极限,而在瓦劳瑞斯买了一间房子,与她搬过去为止。弗兰柯丝

哭泣的女人

并不明白一个男人在工作时要承受什么压力,她一向最先考虑到自己,而当她有任何不顺心的时候,就会拉长了脸,使家中充满阴郁的气氛。对毕加索这个爱大笑的人来说,她就像是一个悲哀的女皇,这可能就是每当有人提到他们应该正式结婚时,他就会勃然大怒的原因。

　　1948年8月毕加索到波兰去的时候,弗兰柯丝又怀孕了。这一次旅行并不是突然决定的,而是在他极不情愿的状况下,共产党多方游说的结果。当时,苏联和西方的冷战已经开始了,这场战争中苏联的精明策略之一便是在波兰召开知识分子和平会议,集合了各界赫赫有名而又感情真挚的人物。毕加索的绘画固然跟社会写实主义毫不相干,然而他的名声和众所周知的正直却具有相当重的分量。波兰大使派了一个女人到瓦劳瑞斯去游说:"毕加索的共和国护照不成问题,波兰会派一架专机来接他,飞机当然不会掉下来——空气动力学原理会让它浮上去。等他到了之后,一定会喜欢这个会议的。"

　　那女人所说的飞机的事没错,它一路到波兰都浮在空中,不过关于他会喜欢共产党会议的那一点她却说错了。毕加索一向容易厌倦,而那场会议中又有无数的演讲。不过也有比较热烈的场面,一次,一名苏联代表在演讲中责备毕加索艺术的堕落,说他是西方中产阶级文化的最坏例子,而毕加索以他一贯的火爆回

击,把对方的攻击明显地和纳粹的攻击相提并论。

弗兰柯丝·姬洛德以为他只会离开 3 天,结果他去了 3 个星期。这在平时已是一个严重的冒犯,更何况她以为她目前的情况理应受到百般呵护。毕加索虽然每天拍一封电报给她,她却有点怀疑这些都是他的司机写的。当毕加索终于返抵家门,抱着礼物之时,她给他的欢迎却是迎面一击,然后把自己反锁在洗手间里面。

10 月,他们回到了巴黎,一方面是为了 1948 年在安提比斯画作的展览,另外一方面是为了较大的陶艺展。这次陶艺展,毕加索拿去了 149 件他最好的作品,结果没有激起太大的反响,让他十分失望。不过另一方面它却使所有其他的画家、雕刻家和匠人都拥入附近的陶器工厂,使得此后 20 年中法国充满了各种奇形怪状的壶罐和烟灰缸。

1949 年 4 月弗兰柯丝生了一个女孩儿。在同一时间内巴黎正举行一次大的共产党和平会议,要求毕加索为他们画一张海报。他完成了一幅石版画,黑的底面上有一只白鸽,这是他最好的版画作品之一,而且丝毫看不出宣传意味。这只白鸽,作为和平会议的象征,一夜之间就出现在巴黎的每一面墙上,即使是极力反对共产党的人也对之称赞不已,而毕加索更是非常高兴地把女儿命名为

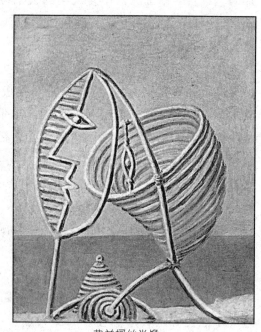

弗兰柯丝肖像

"派洛玛"（西班牙文就是鸽子的意思）。

1949年是毕加索多产的一年，一批批的画作和陶艺作品堆在房内，再加上多了一个小孩儿，使得原有空间显得不够了，毕加索在夏天买下一幢瓦劳瑞斯附近的废弃香水工厂，那里有广大的空间，可以让他在里面从事雕塑工作。1950年里他就运用这个地方，作出了《雌山羊》——他的最好雕塑作品之一以及许多其他的作品。

毕加索在工作室里制作这只山羊和其他雕塑时无疑是十分快乐的，然而日常生活却不那么使人高兴。孩子们固然给予他许多欢笑，但他们的母亲却绝不是一个好相处的伴侣。弗兰柯丝常常觉得自己受到冒犯，因此她就不断地制造屋里阴沉沉的气氛。每天早上过得还不错，在哥菲璜的海滩上有成群的朋友，接下来的工作时间甚至更好，但是其余所有时间，毕加索却要忍受太多的阴郁、愁眉苦脸、怨恨。一段这种日子之后，毕加索告诉朋友他快要自杀了。

毕加索把没有真正这样做的原因归于珍妮维叶·拉波蒂的出现，她"使他再度欢笑"而救了他。从1945年以来，她已经长成一个极度优雅、苗条的年轻女士，大部分时间花在乡居生活、写诗、养狗、养马上面，而且一直像以前那样可爱。1950年她再度定居在巴黎，并且时常去找毕加索，有时在巴黎，有时在巴黎附近。1951年时他们成了恋人。

他们的关系如同田园诗一般。从很多方面来说，他们彼此都完美地合适：她爱这个男人本身，同时对他的作品又有最深的鉴赏力；而他敬重她的诗文、她可爱的人格以及她难得的态度，不侵害，不

跳绳的小女孩

毕加索

占有,愉悦,尤其是彻底地友善,完全替他着想并站在他的一边。他们之间年龄的差距并不重要,毕加索的心灵跟她一样年轻,而70岁的他仍然能步履矫健地与她一同攀登普罗旺斯的山丘,用同辈的语气跟她谈天说地,告诉她关于麦克斯·杰克卜和阿波林纳的事情,这两个人在他心目中还是那样活生生的。他现在已经摆脱了数年前紧缠着他的有关年龄的恐惧感。

"如果我一直不照镜子的话,我根本不会知道我已经老了。"他说。而目前,他根本不去想自己的年龄,除非一些不祥的话语迫使他想起。有一次珍妮维叶·拉波蒂说再过50年之后,她就可以告诉她孙子关于他的事情,使得他的眼中充满了泪水。当然,"死"这个字眼从没有被提起过。

世界不容许毕加索无止境地与珍妮维叶一同游泳、爬山,也不允许他继续那一系列快乐的风景画作。1950年朝鲜战争爆发,法国政府以房屋短缺为借口要征收他在波提街当作贮藏室的老宅,然而实际上是因为他是共产党员。毕加索找他一些有影响力的朋友帮忙,但大战刚结束时期的荣光早已过去,目前所有的人都反对共产党。经过法律上的繁文缛节之后,封条贴上了那宅子的大门。不过,这是1951年8月的事。在此之前,1950年的9月,他还到英

屠杀

国去参加另一次和平会议。

不论毕加索对苏联政策的看法如何,他真正关切的无疑是和平本身。他会毫不迟疑地为此投下自己的名声、影响力、财富以及个人的慰藉。从英国回来后不久,他就开始作一幅命名《高丽的屠杀》的画。右边是一群无名、现代化、戴盔甲的武装行刑队,一个带剑的指挥官正要下令射杀左边的俘虏群,这些俘虏都是裸体的女人,有的怀孕,有的带着小孩子。对这幅画的意见,头脑简单的共产党员批评说图中的杀人者没有标明身份——主题意识不明确;比较了解这幅画是对一切屠杀的抗议而非单一事件的人们则说它的冲击力比起《葛尔尼卡》来差得太远;反对共产党的人们当然宣称它是纯粹的宣传品。毕加索对这些冷淡的反应十分伤心而且困惑。

在自己的家中,争吵总是多于平静,而毕加索变得越来越不安宁,只不过他十分喜爱克劳德和派洛玛,尤其是那个可爱的小女孩派洛玛。1951年的6月里,毕加索还跟弗兰柯丝一同在瓦劳瑞斯。然而不久之后他就回到巴黎,带着珍妮维叶·拉波蒂乘车缓缓南下,到了圣卓别兹。

秋天到来时,这段快乐的日子结束了。毕加索想把他们待过的那幢房子买下来当礼物送给珍妮维叶·拉波蒂,不过她不让毕加索这么做。从他们友谊刚开始的时候,他就发现很难让她接受任何赠予。当她还是一个女学生的时候,就曾经拒绝他送的一张油灯的版画,直到他说:"你为我带来太阳。我也应该送你一些光亮才对。"

拉波蒂回到巴黎,他则与弗兰柯丝度过一个黑暗寒冷的冬天。1952年里,毕加索和珍妮维叶·拉波蒂两人的好朋友艾留阿德死了,毕加索马上赶到巴黎去,行前弗兰柯丝提议要一同去,她说从现在开始她和毕加索应该"时时刻刻待在一起",同时还威胁如果他不听她的话,她就要"给他点脸色瞧瞧"。

毕加索当然不会听话,一个人到巴黎去了。艾留阿德的死给了他很大地悲哀,葬礼结束之后他也生病了。当他又伤心、又疲

倦地回到瓦劳瑞斯时，弗兰柯丝告诉他她没有再留下来的必要了。这是一种解决的办法，但却不是毕加索想要的那种解决方式，因为这意味着他要失去他的孩子们。他问她是不是有了别人，她说没有。但在1953年春天，她一个人到巴黎去的期间，开始跟一个希腊男人有了某种接触。

毕加索低声下气地求弗兰柯丝留下来，这种态度使他的许多朋友都感到惊讶。他的恳求，加上弗兰柯丝的拿不定主意，产生了一些效果，1953年就在一种不稳定的平衡中度过。

这是一段颇悲惨的时期，他无法跟珍妮维叶·拉波蒂取得联系，她因为对艾留阿德的死十分悲伤，已经隐居到乡下去了，而且他几乎已经没有任何的知己在身边了。这段日子里，他对这种情况的反应十分矛盾而激烈，一个明显的例子就是他突然变得十分活跃，一反过去对那些不是朋友却对他好奇的人们的逃避态度，他现

伤心的女人

在投入每个人群，身边跟着一大堆闲人，逛遍附近每一个斗牛场和夜总会，尤其是在圣卓别兹一带。他在做这些事的时候其实是希望能碰见珍妮维叶·拉波蒂，她年轻的时候很喜欢去这些地方。这段时间也是滑稽的化装出现在他脸上的时候。访客们有些觉得有趣，有些觉得尴尬——他们发现接待他们的毕加索脸上挂着红色硬纸板的假鼻子、假胡子，还戴一顶纸做的帽子。

9月29日弗兰柯丝·姬洛德终于离开了,她是带着孩子们一起走的。她事先已经告诉过他,但由于她做过太多没有实现的威胁,这一次他没有料到她真的会走。她到巴黎后就直接去找她的希腊男人去了。

也许这是一种解脱。几天之后毕加索也到了巴黎,稍早的时候珍妮维叶·拉波蒂已经打破了沉寂,与他通了几封信。这次毕加索一到巴黎就打电报给她,求她来看他。当她来到他的住所,门打开时出现的是女仆爱妮丝,她露出一个欢迎的微笑,悄声说:"弗兰柯丝终于走了。先生太害羞了,不敢打电话给你,要我告诉你……"就在这时,萨巴提斯先走出来欢迎她,然后才是毕加索。

大家在一起进午餐,然后其他人都及时走开了。珍妮维叶告诉他关于她在亚波尼的农庄,然后她问他,可不可以去看看。他说当然可以。她说,她会开车送他去,车子就在门口。他告诉儿子保罗过一会儿来加入他们,然后两个人就出发了。两人已近一年没有见面,他们的关系受到了某种考验。这一路上两人都十分沉默。毕加索想求她来与他共度人生,但却不知该用什么方法说出来,可能因为他不惯于求别人,可能因为他所要说的事对他是那么重要,而且过去弗兰柯丝对他年龄的一再强调也使他失去了自信。

一直到了亚波尼他都没有说出来,晚

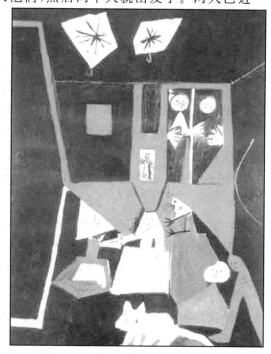

宫廷的侍女们

157

餐时两人单独在餐厅,他还是没有直接说出,晚上也没有,第二天早上也没有,而他告诉她,他要回瓦劳瑞斯了。

珍妮维叶非常吃惊而且深深感到受到了伤害,她起码希望他能多待一阵子。沟通的困难,害羞的情绪,还有紧张的心情在当时一定相当严重,因为当时保罗在旁边。车子已经发动了,而毕加索终于鼓足了勇气,转头向她说:"你来不来?"她十分伤心,十分困惑,居然心不在焉地说了一句:"先换了床单再说。"

这句话是什么意思很难明白。这几个字刚出口她的脸就红了起来,但话已经说出了口,不可能再收得回来,而那辆汽车就这样绝尘而去。

构筑属于自己的堡垒

毕加索相信自己是受到了拒绝,他默默地接受了这个拒绝,回到了瓦劳瑞斯——那个沉寂且已经没有小孩的家中。

1954 年弗兰柯丝把孩子们带来与他们的父亲共度暑假。她跟那个希腊人的情史持续不到 3 个月,而她现在与毕加索处于一种极端有礼的状态中——毕加索甚至请她为瓦劳瑞斯的一场斗牛赛举行开幕式,这场斗牛赛是特别为他举行的。不过她很快就离开了。

8月,毕加索的朋友拉瑟米夫妇带着他和孩子到柯留瑞去,他非常喜欢这个地方。这里的人口不过两三千,虽然在有斗牛赛时街上挤满了人,却不会有大量观光客来骚扰。没有那些水泥的高楼,到处都是有着粉红色瓦片的古代建筑。老百姓谋生的方式主要是捕鱼和酿酒,而且即使在盛夏时节海滩上仍有足够的空间供给想游泳的人。毕加索几乎天天在这里游泳,游出了海湾后,整个海岸和天然风光、古色古香的房舍城堡以及大大小小的渔船尽收眼底,而这一切又是浸浴在最纯净的太阳光辉中。

他同时还可以欣赏柯留瑞的居民在态度上与别的地方人们的不同。在他自己住的地方,几乎走到哪里都有人对他侧目而视,或直接对他需索;然而在柯留瑞这里,他可以在街上漫步,在酒馆中闲坐或者在海边轻松一下,绝对不会引起丝毫的异样眼光。而且在这里,如果派洛玛自恃身份不凡,想要在海滩上欺负别的小孩子的话,马上就会有粗豪的卡达浪咒骂声让她了解状况。

宫 女

卡达浪的最明显特质之一就是独立,他们拒绝受到财富、阶级、名声或任何其他事物的压迫,这种一视同仁的态度到了其他国家往往会被视为无礼,然而毕加索却完全地习惯,在这儿他不会被视作一个神圣的怪物。柯留瑞的居民因为他完全没有架子,并且了解他们的语言和处事方式而喜欢他;他喜欢他们则因为他们的傲气还有他们对他从不拐弯抹角。他与他们接触频繁,有时通宵达旦地聊天,使得他在原有的大批朋友之外又加上了许多当地的知交。他们请他去主持一场斗牛,他表现得成功无比,不但一直遵守着严格的西班牙礼仪,而且还对一位表现太差的斗牛士冒出一长串的卡达浪脏话。

暑期结束之后,毕加索回到瓦劳瑞斯,秋天里又到巴黎去参加一个画展。他在巴黎见到了珍妮维叶·拉波蒂,现在要消除他们之间的误会已经太迟了,但见面时还是充满了情感:他很高兴知道她的诗选获得了成功,那是6月中出版的《幽冥骑士》,里面有7幅毕加索作的插图。

秋天里,毕加索也见到了弗兰柯丝·姬洛德,他们马上发生了激烈地争吵。几个月之后,当她去告诉他说她要嫁给一个叫赛蒙的男人时,他们又吵了一次。争吵的真正原因是为了瓦劳瑞斯的别墅,当初毕加索买下这幢房子时用的是她的名义,而现在她有意据为己有,但这房子已是毕加索完全习惯的住处。在两次争吵之间有段时间他的作品产量极少,部分是因为

静 物

朋友们,他们在长期见不到毕加索之后,现在都蜂拥着来看他。此外,还有许多陌生人及记者们,都渴望了解他的私生活。同时他在巴黎的名声已经大到让他不舒服的程度,他甚至不能在住处附近平静地走动。如果他走入一群正在看热闹的人,人们马上会把视线转到他身上,他自己变成了热闹。此外在1954年的11月初,马蒂斯在长期卧病之后死去了,这件事使毕加索感到极深地伤痛。当别人要他为这件事发表意见时他说:"既然马蒂斯已经

去了,就没有任何可说的了。"

1955 年 2 月底,奥佳在坎内的一家医院中死去。她长期以来就受着癌症以及局部瘫痪的折磨。毕加索与她从未完全失去联系——她的照片可在他的住所中看到,而他一辈子都戴着她的戒指。现在他回到南方,办理了她的丧事。

他并没有再度在瓦劳瑞斯安顿下来。很明显那里的房子已经不属于他了,虽然他很不喜欢改变生活,他还是另外找了一幢更大的房子。这幢房屋位于坎内郊外的一个富有的别墅区,称为卡里福尼。这个房子虽气派,造型却缺乏美感,不过里面有广大的空间,而且充满光线,外面还有个小花园。这花园看来有点像市立公园,不过起码可以防止不速之客的侵入。

他很快就把底层改成画室,把他所有画具杂物全都搬进来,在周遭堆出了他熟悉的乱七八糟的摆设。在接下来的一次旅行归来之后,他就不再到卡达浪地区去,从此定居在卡里福尼作画。

毕加索在卡里福尼高大、明亮的房间里工作的情况很好,然而 1955 年却不是他多产的一年,原因是他把许多时间和更多的精力投在乔治·克罗索制作的影片《毕加索的奥秘》上。这并不是第一部关于毕加索的电影,然而却是到当时为止最具雄心、全部彩色的长片。克罗索觉得在尼斯拍这部片子最为合适,尤其是在夏天,强力电灯的高热加上太阳本身的热力可以让任何人退缩,然而毕加索喜欢新技术,他的热心程度最起码跟克罗索是不相上下的。

有时他在像火炉一样的影片工作间里作画,有时就在露天的安提比斯近旁海滩上,坐在画架前,每隔几秒钟就站起来一次,让摄影机拍下刚才的几笔。在导演、摄影师、技师和旁观者这一大群人之间,频频受到打断的情况下,他却从未失去他的专注。他坐在那儿,棕色的身体满是汗水而闪闪发光,明亮的眼睛盯视着画布,他的手就在上面挥洒出完美的线条。他同其他工作人员一样,有时每天要工作 12～14 个小时,画出一幅幅的斗牛、静物、裸女、拼贴与素描。

从事电影的人们喜欢在工作完后成群结队地逛遍每一家酒吧,毕加索不能抗拒这种诱惑。他以74岁的年纪白天作画,晚上玩乐,身边围着一大批与电影有关的人员。除了电影圈的这些人之外,还有许多闯入卡里福尼的

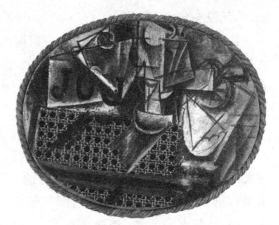

拼贴画

人,他们之中有的是共产党员,有的是西班牙人,有的是画家,还有的只不过想来见见毕加索。有些人要求友谊,有些人要求金钱,而一旦他们进入了房间,毕加索就不能允许自己赶他们出去。就这样夜以继日,他像20岁的人一样透支自己的体力,直到影片终于完成,所有的人都回到了巴黎。这时,稍稍平静的秋天到来了。

10月,毕加索到了巴黎,在那儿见到了珍妮维叶·拉波蒂,她给他看她出版的第二本诗集,其中有柯克多作的插图。柯克多是她的新朋友,其吸引力使她几乎看不出他和毕加索有任何程度的不同。毕加索表现出明显地嫉妒和不满,不过他们这次会面仍然相当愉快。她拿出另外一些诗给他看,他专心地读过之后称赞她的努力,然后说以后要为她下一本书作插图。

1956年的夏天照例有大量的朋友涌向南方,珍妮维叶·拉波蒂是其中之一。他热切地问她是不是一个人来的,当她说是时,他表现得很高兴,然而此后他们的谈话就很少。他们之间直接的沟通,甚至他们彼此真正的了解,都随着沉寂消逝了。这段关系,也许是毕加索一生中最美好的一段,已行将不存在。现在的毕加索,依稀还可认出20年或30年,甚至40年前的那个毕加索,而眼前的《幽冥骑士》的作者,与1944年为毕加索写文章的那个女学生

已经少有相似之处了。

缪 斯

1957年相当折磨人。数以百计的人们从世界各地来到坎内，要求帮助、忠告、介绍、鼓励，他们之中有许多有趣或可怜的人物，毕加索的亲切受到了各方面的考验。还有一些人要他合作为一篇解释他绘画的文章写一篇前言，为一本书画插图，或是去支持一个反对贫穷、战争与不平的运动，更不用说有些人渴望得到一张免费的画作、一笔钱，甚至一个亲笔签名。即使在那么多年来受尽名气的折磨之后，毕加索仍然常常希望单独会见这一大群人中的每一个人，然而以这么多的人数来说那是不可能的。他心思的烦扰、时间和精力的浪费、拒绝之后的不愉快以及总是包围在他四周的那些卑屈的贪婪，都使他的脾气越来越坏。他尤其憎恨那些把他视作生财乳牛的人们不断企图加诸他身上的控制。

1958年夏天，毕加索到阿莱斯去看斗牛。厌倦了一切嘈杂和纷乱后，他有意在当地买下一幢房子，他的朋友就带他去看瓦汶阿格斯古宅。

这是一幢17世纪的巨大方形房屋，位于圣地维克多利山下面一个幽深的谷中，距它数百码，地势稍高的地方就是一个小村庄。

在这片静穆、宽大的地势里,这淡红色的建筑物与大自然浑然一体,显得出奇地美丽。它也跟坎内那幢别墅充斥的山坡形成强烈地对比,更好的是,这建筑后面的山上不能建新房子,因此好像整片山都属于这幢房子。

毕加索从那个村庄热切地往下凝视着那所古宅,直接看到它的天井里,他的渴慕使他没有想到一件事:从村庄这个有利的地点,别的人也同样可以看到宅中的一切,甚至会看得更清楚,如果他们配备有望远镜或摄影机长镜头的话。

毕加索在首次看到瓦汶阿格斯古宅之后的 48 小时之内就买下了它,这当然花了他一大笔钱。不过金钱在当时对他来说已不代表什么了。

毕加索把在巴黎贮藏的画作:马蒂斯、狄伦、卢梭、里南、塞尚、柯罗、凡多更、窦加、查尔丁、布劳格、米罗、莫迪里亚尼、雷诺瓦,还有其他许多作品,连同一些自己早期所画,现在又被他买回来的作品,全都运来这里,另外又从卡里福尼带来不少雕塑,好像他有意要长久居住在这古宅之中了。

在这些熟悉物品的环绕之中他马上开始作画,包括一幅《瓦汶阿格斯的餐具桌》,一系列的静物、房舍的本身还有斗牛。这时的画作跟在坎内的时候颇为不同,色调较为沉重,除了深红和暗赭外,还用了墨绿这种在他的调色板上很少见的颜色。这与圣地维克多利山的常绿森林以及灌木丛是互相呼应的。

也就是在瓦汶阿格斯,他开始画蒙内的《野宴》,他为这幅名画作了许多幅变奏,一共包括 170 多张图,其中有 27 张油画。他并不是连续地画下来,而是每隔一段时间就突然爆发出一股密集的活力,有时会相隔几个月,整组画一直到 1962 年才完成。这一段时间里他当然不是只做了这一件事,而是另外制作了大量的陶艺,并且花了许多时间在雕刻上,此外尚有不少其他的画作。

他并不曾定居在瓦汶阿格斯。这个地方不如他想象中那样好。头一阵子的热度过后他就时常回到坎内,这地方是派亚瑞斯每年夏天照例要来的。派亚瑞斯的陪伴总是使毕加索感到自在,

阿尔及尔妇女

派亚瑞斯没有一点竞争的心理,而且也从不用异样的态度崇拜他的老朋友——小毕加索。他与毕加索可以像 60 年前那样轻松、放任地交换他们的想法。

毕加索往返于卡里顽尼与瓦汶阿格斯之间,除了忙着《野宴》的组画之外,他同时还忙着探索几乎所有的塑形艺术,甚至包括油毡浮雕在内。至于《野宴》的本身,要不是受到许多干扰的话,进展得应该会更快些。干扰除了那些不速之客外,还加上他自己对友伴的需求,不论是什么样的友伴,另外还有他的事业生活。一般性的展览可以交给萨巴提斯负责,他的年纪虽然比毕加索还大得多,却仍旧时时为他的事在巴黎与坎内或瓦汶阿格斯之间奔波。然而大规模的回顾展,比如 1957 年在纽约,1960 年在伦敦,还有几年之后在东京的展览,则都要使毕加索付出相当多的精力。他并不是象牙塔里的画家,沟通对他来说十分重要,而以他现在的声名,沟通的范围是十分广的,例如在伦敦的展览就有足足 45 万人看过。

他很喜欢伦敦,然而巴塞罗那却更为贴近他的心灵,1960 年时这个城市的"毕加索美术馆"已经初具雏形了。数年以前他问萨巴提斯以后准备怎么处理他的作品:"在他死后"这种意思十

画　室

分明显，不过这几个字是绝不能明说出来的。萨巴提斯说他有意设立一间毕加索美术馆，就在毕加索的出生地马拉加。毕加索说："为什么不在巴塞罗那呢？我跟马拉加之间的渊源那么少。"于是萨巴提斯马上着手进行。1960 年，巴塞罗那市提供了两座 14 世纪的宫殿供他挑选，毕加索选择了其中的阿奎拉宫。它位于窄小、古意盎然的蒙他卡达街上，这是他童年熟悉的地方。这间建筑日后就要放置萨巴提斯的捐赠，连同所有毕加索曾经捐给这个城市的作品，还有一些由朋友或收藏家提供的画作。

　　萨巴提斯一辈子都很穷，1960 年毕加索的一幅早期作品相当于一笔财富，但他却没有出让过任何一幅，而许多毕加索的朋友都曾把他送的画卖掉，虽然他们都比萨巴提斯有钱得多。我们在此大概可以对萨巴提斯的宽宏大度有了一个概念：他捐赠给这间美术馆足足 574 件作品，其中许多幅上面都有毕加索所题的最亲密的字句。

　　1960 年里毕加索越来越不喜欢瓦汶阿格斯，人们从各处开车前来窥探，而且他们也会用双倍望远镜监视他，他根本没有办法出来。从 1961 年春天开始他就根本不在那儿工作，在那里停留也绝不超过一两个晚上。至于坎内，有一大排的房舍正开始在他隔邻的花园兴建，这些房子会遮住大海的风景，而且其中的住客可以居高临下对他的住处一览无遗。

晚年作品系列

坎内后方的丘陵上就是莫金斯，而瓦劳瑞斯就在附近不远，这些都是毕加索熟知的地带。从莫金斯通往瓦劳瑞斯的蜿蜒公路首先缓缓顺坡而下，然后转向右手边一个长满树木的山脊直上，在这片山脊上有一座奉祀长生圣母的礼拜堂—— 一个地方人民朝圣的所在。在还不到这座礼拜堂这么高的地方，毕加索找到了一幢房子。它的四周都为柏树所障蔽，并且旁边有一小块空地，虽然并不是完全地与世隔绝，却可以用人工增加其隔离性。他在 1961 年早期买下了这幢房子，并且彻底安顿下来。不过瓦汶阿格斯和卡里福尼当然还是没有卖掉，他的许多财产还留在这两处。

这幢房子被称作"长生圣母宅"，"长生"这两个字对毕加索来说再贴切不过，因为他在 80 岁的高龄仍然生气洋溢。几乎所有世上活着的人都听说过他的名字并且知道他还活着。对比较年轻

毕加索
Bijiasuo

的画家来说,他的直接影响并不大,因为艺术在很久以前就已经被他解放,年轻的画家和他本人现在都生活在"毕加索后"的时代里。然而当年轻人追随着他的继承者的继承者,或者找到他们自己的方向时,毕加索仍然继续着他孤独的对真实的探索,仍然在一个永远的、个人的革命状态中。他的价值比所有现存的画派都要大得多。

晚年作品

有人说我们每个人在进入新年龄的时候都是一个生手,过去的经验与眼前的新状况完全无关。大多数人可能确实是这样,然而毕加索却绝对是个例外。虽然他憎厌时光的飞逝,他在人生的每个阶段却都没有被困难吓倒,也许这是因为他从头到尾都完全保持着自己的本色,不为社会加诸他的各种不同角色而感到困扰。他少有老化的迹象,除了常常谈起死去很久的朋友,尤其是阿波林纳和麦克斯·杰克卜,但这并不意味着什么。因为虽然老年人喜欢回味过去,这对毕加索来说却不能算是回味:过去的友谊从来没有离开过他,而杰克卜和阿波林纳在他心目中总是鲜明活现。

无限的荣耀

1961 年的 3 月 2 日，他极度秘密地和贾桂琳·梦奎巴结婚。她当时 35 岁，1953 年的时候在瓦劳瑞斯的陶艺店里做事，从那时开始就一直跟毕加索在一起。他的再婚，令许多朋友们大惑不解，不过很有可能是希望让贾桂琳日后能合法获得他的大部分遗产。

在"长生圣母宅"中他完成了全部的《野宴》，不过同时也完成了许多其他的画作，在《野宴》结束之后他的画作产量更增加到一天三幅以上。虽然毕加索常常透支体力，他却似乎很适应 80 岁的生活。在 80 岁生日当天晚上，他在尼斯看表演直到凌晨 2 点，第二天去参加瓦劳瑞斯特别为他举行的庆典，然后又去斗牛场凑热闹。平

贾桂琳

常的日子里他会见大量的朋友，包括许多来与他谈巴塞罗那美术馆

事宜的卡达浪人。亮丽的夏日里他在群木环绕的"长生圣母宅"中度过，四周响起无数的蝉鸣。秋天来临时可以看到他在比较僻静的海湾平静地游着泳，病与死亡还遥远得很。萨巴提斯在 1961 年中风，而两年以后布劳格和柯克多都死了，但是萨巴提斯康复了，在"长生圣母宅"的山居岁月里死亡似乎失去了它的效率。派亚瑞斯依然强壮安好，而毕加索要比派亚瑞斯还年轻得多。他的工作较之过去任何时候都稳定，事实上过去不曾有任何时候他的产量比现在多。仅是 1963 年一年里，他为贾桂琳画的像就有 160 幅。

在这些作品中比较杰出的可以算是以大卫的《萨比尼女人的掠夺》为主题的多幅变体，他画这些作品时格外辛苦，在许多长夜里逼迫自己继续下去。开始着手以后几星期他在一本速写本上写下："绘画比我强得多，它支使我去做想做的事。"

1963 年上半年里，绘画支使毕加索去做的事是一系列关于画家和他的模特儿的画作，其结果是四五十张油画，这都是经过长期审慎思考的产品。

这位画家最先出现的时候是严肃地坐在他的画架前面，拿着调色板，正画着一张面孔的雏形：没有看到模特儿，不过在一个有抽屉的柜上放着一座胸像。后来模特儿出现了，一个绿色的女人，当然是裸体的，在一张沙发上摆出各种姿势。

画家与模特

她的颜色、位置和大小都在改变，然而她一直都只是一件纯粹的物体而已。她没有个性，画家与她之间的沟通并不是以她的人作为对象，而是她所代表的真实：说话的是她的身体，而不是她的心思。旁观者不太知道此时的画家在画些什么,大部分时间他的画布都是侧向摆着,否则上面也只有一些模糊的形状。

他以同样稳定的专注一直画下去,全然投入他的工作:他自己的相貌有些改变,胡子长出来又消失,须发也是一样。在这一系列的最后几张中他的面孔布满了强烈的色彩,但是他一直是个瘦而黝黑,看不出年纪的形体,有时有些滑稽,不过总是因他严格的、不妥协的奋斗而显得十分庄严。从头到尾他都是完全地孤独。毕加索很喜欢他,把他叫做"穷小子",并且用充满感情的眼光注视他在工作时的一举一动。

大部分时间,他都在他那狭小的、老式的画室作画,不过有时也在户外工作,偶尔还会在晚上,他的模特儿就坐在一张躺椅上或一棵树下;然而不论在哪里,他四周的颜色所叙述的关于创作的历程都远比他专注的脸孔或精巧的双手所述说的要多。那些颜色由深沉的蓝灰转为兴奋的绿与朱红,再转而为盈满画面的蓝色和粉红,然后所有的颜色渐渐淡去,接下来是画家的脸孔和头发忽然迸出绚烂的色彩,而后颜色再度变暗、变淡,经过渐次转移回复到原先的深沉。不过他仍然继续画着,即使在最后那几张图中他的脸孔只剩下白色的模糊形象或一片难看的灰色,没有头发也没有胡须,他还是在画着。他从来没有赢,也从来没有输。

毕加索极喜欢这一系列的《画家和他的模特儿》,冬天的时候他把它们做成许多的木版画,变得比原来更简化一些。在年末以及 1964 年初的这段时期,他还画了一些大幅的裸女,然后是一些农夫的头像,再后来是更多的裸女、静物、贾桂琳,还有一些《画家和他的模特儿》的补遗。

1964 年的夏天,毕加索在"长生圣母宅"会见了不少访客,大多都是交情很好的老朋友,不过也还有少数的不速之客。那些新的相识有一个共同的特点,他们能被介绍给毕加索这件事在他们看来是很伟大的,因而他们也希望毕加索能当场有一些伟大的表现——他们期望这位伟大的人物能一天二十四小时不断吐出一些伟大的思想。毕加索十分明了他们的希望,仗着天赋的诡辩与巧言的才能,他通常都能满足他们。不过,总是在屏息以待的听众面前扮演"演讲先生"的角色是很累人的事,也许这就是他总是戴着假鼻子与滑稽帽子出现在访客面前的原因。

画家和他的模特

　　另外,也有些人是为正事来的,其中有些是从巴黎来的使者,为了筹划他 85 岁生日的庆典。还有一些人从其他国家前来,为了安排他的画展事宜。

　　1964 年的秋天是一个金色的季节,即使在法国南部来说也算是出奇的美丽,虽然战争的威胁每天都在报纸的第一版看得见,毕加索却像是生活在另一个世界,隐蔽在他的柏树林里。没有理由说他不会永远活下去。他的短小、齐整的褐色身体仍然跟以前一样,这个身体长久以来都否定了一般的死亡率,使得这些死亡率好像根本不适用在他身上。这个秋天难道不能延伸到 1965 年、1966 年,一直下去,以至于永远吗?

　　但他的身体还是使他失望了。1965 年他的状况不是很好,有一些毛病,他的病更是变得严重。11 月里他到巴黎去,住进了"美国医院"。手术十分成功,伤口愈合了,没有并发症,在令人惊奇的短时间内他就回到了"长生圣母宅"。他的卡达浪朋友吉力夫妇去探望他时,发现他活泼而愉快,好像外科医生把他的衰老也随着其他东西一起除去了。然而这次迅速的痊愈却是表面的。毕加索的身体正因为长久的、缓慢的感染而日益衰弱。

　　1966 年里他没有画一幅画。他的眼睛在年轻时就常常给他添麻烦,现在更不行了,而且听力也开始下降。

法国政府在毕加索 85 岁生日的时候为他举办了盛大的庆祝。在 20 世纪刚开始时,19 岁的毕加索初次来到巴黎,当时世界博览会正在全力展开,许多宏伟的建筑都在兴建之中,其中最重要的就是大艺术宫和小艺术宫,而现在,为了表示对毕加索的推崇,里面都布满了他的作品。大

贾桂琳与花

艺术宫展出了 284 幅,包括一些他最伟大的作品。同时,苏联人也很高兴地推崇他们的同志,因而这次的展览就成为对毕加索的成就最成功的一次推介。小艺术宫则展出了 250 件画作,从他在卡洛那时期的习作一直到 1966 年 7 月的最近一些头像,另外还有 580 件陶艺和 392 件雕刻,这是到目前为止最完整的一次作品收集,同时也是对毕加索作为一位雕刻家的总评估。有史以来为单独一位艺术家所举办的展览中,以此次最为光彩夺目。不仅如此,国立图书馆还展览了一间又一间摆着他的插图、蚀刻、木版、石版画,还有油毡浮雕的陈列室。此外,每一家商业画廊只要有能力的话也都推出了他们自己的毕加索画展。

大回顾展一直持续到 1967 年的 2 月。批评家的意见从最坏的謾骂到狂喜的赞赏都有,表现出每一层面的感受,但绝没有人对此漠不关心。前去看过这场展览的人数达到史无前例的 85 万

之众。

毕加索并没有去,他留在"长生圣母宅"。有一天他打电话给拉瑟米夫人,像他在感到寂寞时常常会做的那样,然而这一次却是为了告诉她以后他不会再打电话给她了,他的耳朵开始聋了,他说他不再听得出她的声音了。

灿烂的一生

1967年这休养生息的一年中,毕加索又开始画他的马戏团人物,他一次又一次地画着,这些人物不再像很久以前那样地悲伤、消瘦,总是在浑身的蓝色上带着些悲剧性的红斑,他们现在分享着灿烂、侵略性的色彩,这种色彩弥漫于毕加索的晚期作品,而在 1969 年到 1970 年间达到最高峰。同时他还画了更多的田园人物以及巨大的裸体像一类的作品,然而这在绘画上来说并不是多产的一年。他的大部分心思转向了版画,在这方面他虽然已具有大量的经验,然而仍有不少值得尝试的新方向。

毕加索计划着要做的蚀刻,本来在 1968 年早期就可以开始进行的,然而萨巴提斯却在 2 月 13 日去世了。毕加索受到极其严重的打击,他的失落感可以由他对巴塞罗那美术馆的大量赠予看出来。他一向把这个美术馆看成是萨巴提斯一手创立的,因而视之为萨巴提斯生命的延续。他在萨巴提斯死后立即捐出了大约 1000 件作品,从他童年时涂鸦过的作业本、青少年时获奖的学院派绘画,一直到蓝色时期的作品,以及最近的一些最成功的画作也包括在内。而且从萨巴提斯死的时候开始一直到他自己的生命结束,他的每一件版画作品都捐赠给这家美术馆,而且都题献给萨巴提斯,好像萨巴提斯还活着一样。

那一年的春天,毕加索又恢复了工作,结果美术馆收到了数

晚年作品系列

量惊人的 347 件蚀刻的第一批捐赠品,这是在 3 月 16 日至 10 月 5
日之间完成的。

　　他刚把蚀刻的工具放下,马上又拿起了画笔回到色彩上。在
他年轻的日子里他可能忽略了色彩,他解决问题的方式一向是用
线条,这好像已经成了一种规矩,现在他则越过这层束缚,极度沉
溺在色彩之中。毕加索一向是一个不凡的人,然而也许从来不曾
像他生命中最后这几年那样不凡,他迸发出狂猛的蓝色和绿色,
尤其是西班牙的大红与黄色,以及重于一切的黑色,这些色彩就
是他内在生命力的直接表现。从 1969 年 1 月 5 日到 1970 年 2 月
2 日之间,他画了 165 幅图,许多件的尺寸都在 6 英尺×4 英尺以
上,其他的大小也不比这差多少。

　　1969 年和 1970 年是毕加索身为画家最多产的时期,然而他
还是有时间和精力去做一些陶罐,并对绣帷发生了浓厚地兴趣。
此外,他还去看斗牛,接见一些朋友。当然还有一些卡达浪人,其
中的一个律师是来劝说他签署一份文件,完成他捐赠巴塞罗那大
量作品的所有权移交手续。即使是最简单的法律形式,一向都令
毕加索感到憎恶,而这一件更是不简单,因为他在签名之前必须

把这些作品的照片一件一件地看过。在任何其他的情况下，巴塞罗那官方的最佳辩才也不可能说服他去做这件事。然而在悠悠岁月里延续萨巴提斯的生命却是另外一回事——他慢条斯理地翻看那一叠一叠的照片，一边说："这些不是我的作品，是我的生命。"然后在契约上签下他的名字。

晚年作品系列

　　这是毕加索付出最多的几个年头。1969 年，当阿莱斯赠予他荣誉市民的头衔时，他回赠阿莱斯 50 幅以上的画作；而当纽约现代美术博物馆的代表们来到莫金斯时，毕加索赠送他们一件现存的珍贵立体派作品——1911 年的《吉他》。此外，私人的赠予更是不在少数。

　　1971 年是毕加索 90 岁生日的一年。巴黎不像 1966 年那样缤纷地庆祝，然而却给了他到目前为止还没有任何活着的艺术家得到过的殊荣：罗浮宫的大画廊重新摆设起来，一些美术史上最光芒四射的名字都被移到边上去，而用 8 幅伟大的毕加索的作品取代它们的位置。

　　但是毕加索没有到场。他派儿子保罗代表他去参加总统主持的开幕式，他自己则留在"长生圣母宅"作画。90 岁生日当天，他留下了一些照片,他的模样依然像 20 多年前的那个样子,他大大的黑眼珠闪烁着智慧与活力,他是近乎一个完美的人。但就某方面来说,罗浮宫的庆典相当类似死亡的阴影:没有任何人的作品能在活着的时候进入那里,这是对一个画家的真正奉承,然而没有人在成为神明之前不先死去的。

"莫要温顺地没入那美好的静夜,老年应当燃烧并怒吼在白昼的终了。"狄龙·汤玛斯的诗中如是说。

晚年作品系列

1973 年的 4 月 8 日,就在他脑中充满了对未来一年的新计划时,毕加索突然过世。

冬天的时候他罹患了流行性感冒,他虽然从重病中慢慢恢复过来,身体却变得十分虚弱。不论如何,在早春时他再度开始工作,大约中午起床,有时在他的画室待到次晨 6 点,而且 4 月 7 日的晚上他还邀请朋友来晚餐。但是当天晚上上床时他感到上气不接下气,当地的医生诊断出肺部有严重感染并且极可能有严重的心脏毛病。

第二天,一位出名的心脏专家——毕加索的一位朋友从巴黎搭早班飞机赶来。他马上看出没希望了,但他仍然尽可能地使他的病人舒服。毕加索对他的仪器十分着迷,充满了最活跃的好奇心;他还爬起来刮胡子——他要给那位专家看他画室里的一些作品。不过后来因为呼吸困难又躺了下来。他一点都没有感觉到

晚年作品系列

自己要不行了,有时他出着神,静静地自言自语,那个医生常常听到他说起阿波林纳。他在上午过去时进入了弥留之际,然而却没有痛苦。在最后的一段神志清醒的时刻里,他颇为清楚地对那位专家—— 一个单身汉说话,一边用手指着身旁的贾桂琳,说道:"你不结婚是错的。结婚很有用处。"

将近中午时毕加索的心脏终于衰竭,他去世了。在自己的床上,一大堆画作和收藏的中间,并且是在家人的围绕之下。

几天之后,他们把他极为秘密地葬在瓦汶阿格斯的庭园中,随着一些教会的古老祷辞离开了这个世界。一位教士照料着他的灵柩,另外还有一些地方上的议员参加了仪式。他们把毕加索降入了孤单的墓穴,这个人几乎像太阳一样孤独,然而他的生命也像太阳一样猛烈地燃烧。

毕加索是个始终引起争议的人,除了他那让人倾倒与折服的过人才华得到了无上的荣誉,他的生活也得了世人众多的非议。他为自己的几任妻子、情人和孩子们画过许多画,他的亲人们对这位天才画家的评价却褒贬不一。

毕加索绘画上的成就可谓登峰造极,但他的家庭私事却弄得一塌糊涂。他亲人的悲惨故事世人皆知：他的遗孀贾桂琳是自杀身亡的；他的一位情人玛丽也是自杀的，她为他生下了女儿玛雅；他的孙子巴勃里多在贾桂琳将他赶出爷爷葬礼之后也自杀而死；巴勃里多的姐姐马里娜曾写了一些回忆录披露自己悲惨的少年时代，并把一切过错归咎于毕加索。毕加索的妻子和情人中弗兰柯丝生的克劳德和派洛玛及玛丽生的玛雅是毕加索硕果仅存的三个儿女。

　　毕加索于 1973 年以 92 岁的高龄去世。他在世时人们争先恐后地同他结交，在他去世的若干年以后，世人仍在为他的故事和名声争执不休。

毕加索年表

1881 年　10 月 25 日出生在西班牙南部的马拉加。

1889 年　完成第一件油画作品,画的是斗牛士。

1891 年　夏末秋初时,随着家人第一次出海,来到卡洛那。

1892 年　在课余时间到父亲任教的贝亚斯艺术学院注册上课。

1894 年　完成了一幅极佳的具有西班牙风格的男人的头像。

1895 年　完成了《赤脚的女孩》和《乞丐》,在绘画水平上远远超过了父亲。秋天,毕加索随父亲来到巴塞罗那,并通过考试成为父亲任教的"犹特华"美术学院的高级班学员。

1896 年　完成关于妹妹的油画《最初的圣餐》,参加了巴塞罗那的美术与工业展。作品《科学与慈悲》获马德里全国美术展荣誉奖,后来又在马拉加得到金牌奖。

1897 年　通过严格考试进入马德里圣费南多美术学院就读。但他不喜欢那里的课程,最爱去的是普拉多美术馆。

1899 年　完成了《亚拉冈人的习俗》,在马拉加又获得了一枚金质奖章。

1900 年　除了已经拥有的铅笔、胶彩、水彩、厚涂、油料技巧外,他还学会了蚀刻和木雕,甚至雕塑也懂了不少。10 月,来到巴黎,巴黎的艺术氛围深深地吸引着毕加索。在这里认识了画商曼雅克,并与其签订了合约,可以按月得到稳定的酬金。

1901 年　好友卡萨杰玛斯因失恋自杀。触发毕加索以蓝色调作画,"蓝色时期"开始。这一年,毕加索跟人合作举办了

180

毕加索
Bijiasuo

两次画展，均获成功，得到很多赞美。结识诗人麦克斯·杰克卜。

1902 年　完成《蓝色自画像》。

1903 年　画作没能卖出去，生活艰难，甚至靠燃烧素描和水彩画来取暖。完成了《老犹太人》、《瞎子的晚餐》、《老吉他手》等画作，反映了贫、老与孤独的苦难生活。

1904 年　定居"洗衣船"。邂逅斐南蒂并与之同居。"玫瑰时期"开始。

1905 年　"玫瑰时期"和"蓝色时期"的作品开始被人接受。史丹夫妇买走了《拿花篮的小女孩》，并且后来经常光顾毕加索的画室，是毕加索的一个稳定、不挑剔的买主。结识好友马蒂斯。

1907 年　创造了立体派第一件成品——《阿比南少女》，震惊西欧绘画界，被称为"法国艺术的一大沦落"。秋季沙龙举行了塞尚作品回顾展，给毕加索很大地快慰和力量。

1908 年　毕加索买下了第一幅亨利·卢梭的作品，并为卢梭举行了一场宴会。

1909 年　毕加索与斐南蒂南下到巴塞罗那，画了很多立体派的风景画。渥拉德为毕加索举行了一次画展，有了很多观众。离开"洗衣船"，搬到了附近的克里奇大道的寓所。

1911 年　毕加索的作品首次被介绍给美国人，是一幅立体主义的裸体人像。

1912 年　与斐南蒂分手，与情人玛茜黎（昵称"伊娃"）离开巴黎到阿比南去了。

1915 年　冬天，玛茜黎去世。

1916 年　结识作曲家艾瑞克·沙提和诗人金·柯克多。

1917 年　给芭蕾舞团做舞台设计，结识芭蕾舞演员奥佳·柯可洛娃。

1918 年　毕加索与奥佳结婚。艺术改革后的一切都上了轨道，各种观念遍布四方，毕加索也开始摸索新的绘画方向。

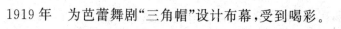

1919 年	为芭蕾舞剧"三角帽"设计布幕,受到喝彩。
1920 年	毕加索参与的芭蕾舞剧"展览"大获成功,成为巴黎最引人注目的人物之一,对"上等生活"如愿以偿。
1921 年	长子保罗出生。画了一些关于婴儿的作品和两幅相似的大幅作品《三个乐师》。
1923 年	出发到安提比斯渔村,完成了一张大油画《吹奏排箫的人》。
1924 年	新古典期结束。画了很多静物画和小保罗的肖像。
1925 年	朋友彼克特去世。创作《三个舞者》,毕加索称之为《彼特克之死》。
1927 年	创作《睡在摇椅上的女人》、《坐着的女人》等,映射出对奥佳的不满。
1929 年	创作最骇人也是最动人的画作之一《坐在海滨的女人》。
1930 年	创作《受难》,表达了他受到折磨几乎绝望的情绪。
1931 年	创作玛丽·塞瑞丝的画像,很可能也就是这个时候,毕加索情绪开始好转。
1932 年	于 6 月 15 日至 7 月 30 日举办了一次重大的回顾展,奠定了他是 20 世纪重要画家之一的地位。
1934 年	玛丽·塞瑞丝怀孕,毕加索开始与奥佳谈离婚,受到了无可估计的精神折磨,并付出很大的物质代价。
1935 年	6 月与奥佳及保罗分居。9 月,玛丽·塞瑞丝和毕加索的女儿玛雅出生。
1936 年	邂逅职业摄影师朵拉·玛儿。西班牙内战爆发,毕加索宣布拥护共和政府。
1937 年	创作完成《葛尔尼卡》,是他一生中最伟大的一幅画,表达了他对法西斯主义和战争的控诉。
1938 年	曾设立两个儿童供食中心,用去 20 多万法郎。
1939 年	一份政府刊物说他共捐 30 万法郎,也有官员说是 40 万。
1942 年	好友大部分散往四方,有的去了西班牙,有的去了美国。

毕加索闭门不出,在家中自己作画,并重拾雕刻。

1944年　好友麦克斯·杰克卜被捕染病去世,弗兰柯丝·姬洛德成为毕加索的情妇。加入法国共产党。

1946年　弗兰柯丝与毕加索同居。

1947年　弗兰柯丝生了一个儿子,取名克劳德。首次在陶艺家哈米耶工作室中制陶,至1948年共制作了2000多件陶艺作品。

1949年　弗兰柯丝生了一个女儿,取名派洛玛。这一年是多产的一年,为世界和平会议作了《鸽子》石版海报。

1950年　创作雕塑《雌山羊》,与弗兰柯丝的关系开始紧张。

1951年　珍妮维叶·拉波蒂成为毕加索的恋人。他们的关系如同田园诗一般。

1953年　9月,弗兰柯丝·姬洛德带着孩子离开了毕加索。由于误会,失去了与珍妮维叶·拉波蒂在一起的机会。在瓦劳瑞斯陶艺店里认识贾桂琳。

1954年　11月,好友马蒂斯在长期卧病后去世。

1955年　2月,奥佳去世。毕加索回南方办理了她的丧事。

1957年　数以百计的人们从世界各地来求毕加索帮助、介绍、亲笔签名等,浪费了大量心力和时间。

1958年　买下了一幢17世纪的巨大方形房屋——瓦汶阿格斯古宅。开始画蒙内的《野宴》。

1961年　买下了"长生圣母宅",一个四周都有柏树障蔽的住宅。与贾桂琳秘密结婚。

1963年　绘制《画家与模特儿》系列。巴塞罗那的毕加索美术馆开幕。布拉克逝世。

1964年　病重,住进"美国医院",手术很成功,但长久、缓慢的感染使他日益衰弱。

1966年　法国政府为他举办了盛大的85岁生日庆典,艺术宫全面展出毕加索的作品。大回顾展一直持续到1967年2月。

1968 年　好友萨巴提斯去世,毕加索受到沉重的打击,立即捐出了大约 1000 件作品。

1969 年　进入高产期,除了大量画作外,还做了一些陶罐。

1970 年　把西班牙家中保存的画作捐赠给巴塞罗那毕加索美术馆。

1971 年　画作进入卢浮宫。

1973 年　4 月 8 日,病逝于"长生圣母宅",几天后被秘密葬于瓦汶阿格斯的庭园中。

毕加索
Bijiasuo